读客®

轻学术文库

既严肃严谨又轻松好看的学术书

中国人口三千年

葛剑雄 著

北京日报出版社

图书在版编目（CIP）数据

中国人口三千年 / 葛剑雄著 . -- 北京 : 北京日报
出版社 , 2024.5（2025.3 重印）
ISBN 978-7-5477-4627-1

Ⅰ . ①中… Ⅱ . ①葛… Ⅲ . ①人口 - 历史 - 中国
Ⅳ . ① C924.2

中国国家版本馆 CIP 数据核字 (2023) 第 110598 号

中国人口三千年

作　　者：葛剑雄
责任编辑：王　莹
特约编辑：高照寒　　刘芷绮　　孙雪纯　　沈　骏
封面设计：余展鹏　　郝子卿
出版发行：北京日报出版社
地　　址：北京市东城区东单三条8-16号东方广场东配楼四层
邮　　编：100005
电　　话：发行部：（010）65255876
　　　　　总编室：（010）65252135
印　　刷：三河市中晟雅豪印务有限公司
经　　销：各地新华书店
版　　次：2024年5月第1版
　　　　　2025年3月第3次印刷
开　　本：880毫米×1230毫米　1/32
印　　张：8.5
字　　数：180千字
定　　价：59.90元

目录

历史篇

婚育篇

民族篇

序言

为什么要了解中国人口史

在这部书中，我准备和大家讨论的是关于中国人口的历史。中国的人口是怎样发展到今天的？我们今天在人口上面临着什么问题？我们为什么要了解中国人口的历史？我想，从三个例子就可以说明。

第一个例子，中华人民共和国成立以后，有一种说法在当时很流行——"五万万同胞"，而更早的时候流行的说法是"四万万同胞"，也就是说，当时我们中国人对于自己国家的人口究竟有多少，只有一个大致的概念。到了1950年，当时的内务部公布了全国的人口数字：包括中国台湾在内，中国人口数是483 869 678人，接近5亿。同年，财政部公布的全国人口数字是个大致数字，约4.8亿。《大公报》发表的全国人口数字是4.86亿，所以在一般情况下，我们自称是"四万万八千万同胞"。但等到1953年进行全国第一次人口普查后，发表出来的结果让所有人都吓了一跳：只算大陆地区，中国人口是5.826亿，差不多比估算的多了1亿。所以在这个结果刚出来时，有很多专家怀疑调查是不是有问题，后来经过复核才确定基本没有误差。这个时候我们才明白，原来所谓精确到个位数的4.8亿人口的数字是错误的。问题随之而来，一个国家的人口突然之间"增加"了1亿，政府该如何应对呢？原来的很多数据与计划都是基于之前的估计，后来发现，中国历史上每一代有多少人，我们其实从来没有弄明白过。那些数据都是错的，直到有了定期的全国人口普查，我们才掌握了真实的数据。大家从这个例子就可以看出，如果不了解人口的历史，不了解历史上究竟有多少人口，对一个国家的影响是非常大的。

第二个例子，我们中国历史上究竟有多少人口。请大家先来看表1。

表1　中国历代实际人口与户籍人口对比

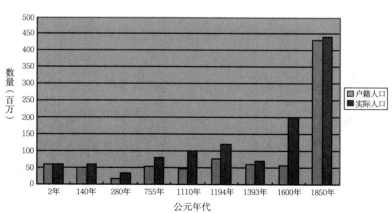

这个表中，浅颜色的部分表示的是我们史料中记录的户籍人口数，深颜色的部分表示的是我们经过研究后确定的较为准确的人口估计数——因为没有可靠的原始数据，只能靠估算。从中可以看出，两者之间的差距巨大，除了一头一尾，即公元2年和1850年两者的数字基本接近以外，其他时期甚至出现了记载的户籍人口数不到实际人口数三分之一的情况。我们曾经因为没有认真地进行过人口历史的研究，往往直接拿到记载的户籍人口数后便认为那就是当时的实际人口，所以平时看历史或听历史时很多内容其实都是错的。比如说清朝所谓的"人口爆炸"——乾隆皇帝发现他治下的人口似乎比他祖父康熙皇帝治下的时候增加了15倍，今天我们有些人就因此赞叹清朝的强大，但这其实是个错误的数据。另外，我们也常夸大历史上天灾人祸对人口的影响，甚至会出现某时间段内人口锐减90%的说法。如果我们不能弄清楚这些基础的数字，又怎么能正确地理解中国的历史呢？说回清朝的例子，所谓短短几十年间人口增加15倍，经过研究后我才明白，实际上这是统计的口径不同导致的。我想，通过这个例子我们就可以明白学习中国人口史的意义所在了。

第三个例子，历史上各时期中国的人口在世界人口中所占的比例。当然，这方面也只有估计数，因为世界上在同一时期究竟有多少人，同样也是没有确切记录的，我们就需要用中国人口数的研究成果和世界人口在同时代的估值做对比（见表2）。

表2 中国人口占世界人口比例

公元年代	世界人口（亿）		中国人口估计数（亿）	中国人口占世界人口的比例
	最高估计数	最低估计数		
1	3.27	1.70	0.60	18.35%～35.29%
200	2.56	1.90	0.25	9.77%～13.16%
600	2.06	2.00	0.55	26.70%～27.50%
700	2.07	—	0.58	28.02%
1100	3.20	3.01	1.00	31.25%～33.22%
1200	4.00	3.48	1.10	27.50%～31.61%
1400	3.74	3.50	0.75	20.05%～21.43%
1600	5.79	5.45	2.00	34.54%～36.70%
1700	6.79	6.10	1.50	22.09%～24.59%
1800	11.24	8.14	3.40	30.25%～41.77%
1850	14.01	10.91	4.30	30.69%～39.41%
1900	17.62	15.50	4.00	22.70%～25.81%

据估计，公元元年中国人口占世界人口的比例范围在18.35%～35.29%，如果取高值的话，中国人口在当时超过了世界人口的三分之一，取低值的话也已经接近世界人口的五分之一。后面的数据看下来也基本在这个幅度内，也就是说历史上中国人口占世界人口比例最高的时候，估计可以达到41.77%，最低的时候也能达到9.77%，接近10%，这说明中国人口历来在世界人口中就占有很高的比例，甚至是压倒性的。在工业化以前，一个国家的实力很大程度上就反映在人口数量上。有多少人口，就能生产多少粮食与物资，动员多少军队。我们既然说世界史不能没有中国史，那么更不能没有中国人口史。我们如果不了解中国人口

历来在世界人口中所占的比重，又怎么能正确理解中国在世界历史中的地位，以及中国这么多的人在当时世界上起到的影响呢？更进一步讲，我们又怎么认知中国在世界历史上到底是先进还是落后呢？这些都离不开基本的数据。

在我叙述完这三个例子后，大家应该可以明白，了解中国人口的历史，不仅是我们了解中国史和世界史的需要，也是我们怎么面对今天中国人口问题的需要。大家看完本书后就会明白，实际上我们今天面临的诸多人口问题，很多都是历史上早已有之并延续到今天的。比如现在我们最关心的中国人口是否到了拐点这个问题，历史上有没有这样的情况？又比如我们现在遇到的生育意愿下降的问题，这个问题其实不仅发生在中国，世界上很多发达国家也都遇到了同样的问题，那么古代人的生育意愿又是什么样的，会受到哪些因素的影响？我想我们在了解了人口史以后，可以从历史中吸取经验和教训，从而更加从容地面对未来。使人口的发展、人口的变化，向着有利于我们国家利益、有利于我们个人利益的方向发展。

所以，我们今天了解并学习中国人口的历史，无论是对国家的发展还是对个人的人生规划都是有益的。在之后的文章中，就让我们一起走进中国人口史的学习。

基础篇

中国是世界上最早开始人口普查的国家吗

众所周知，我国有五千年的文明史，也会有很多朋友好奇，我国是不是世界上最早开始进行人口普查的国家，事实究竟如何，我们来看一些历史记载。

西晋学者皇甫谧编撰的《帝王世纪》中记录了这样一个数据，大禹时代"民口千三百五十五万三千九百二十三人"，直接精确到了个位数。还记录了周成王时代"民口千三百七十一万四千九百二十三人，多禹十六万一千人"，同样精确到了个位数，比大禹时代还多出十六万一千人。所以过去包括很多正规图书在内的书籍中都讲到，中国在大禹时代就已经进行了人口普查，并且有精确到个位数的确切数据。三十年前我在南京的一次学术会议上提出，这个数字是不可信的，很多人便质疑道：精确到个位数怎么会不可信？又为什么要否定我国在世界的领先纪录？

创造世界纪录固然很好，但是只有真实的世界纪录才可贵。为什么这个史料记载难以当真？因为大禹时代绝不可能进行人口调查，更不可能留下这么一个确切的数据。包括以后的周成王时代的人口数据记载同样也没有参考价值可言。

我们暂且不论大禹的存世证据，首先我们要清楚，夏朝以后的商周王朝都是实行分封制的，在分封制下，中央政府没有现实需求去调查全部人口，从技术上也做不到。因为天子已经将他的土地、人口分封给诸侯了，大的诸侯又将自己的土地分封给了小诸侯，小诸侯还会将土地继续分封下去。在当时生产力水平和运输能力低下的条件下，如果不向下分封，天子根本没有能力来管辖全国范围内的土地。而一旦实行分封以后，天子也就没有必要调查各封国的人口数量了。

而从技术上讲，夏商周时代也做不到全国性的人口调查。大规模人口调查是需要物质条件的，首先就是统计上的难题，在没有纸和笔的条件下该拿什么记录，又该怎么保存记录？从目前的考古发掘来看，还没有找到当时统计人口的工具和记录。而在甲骨文之前的夏禹时代，还没有出现文字和数字，更不可能对人口进行有效的统计。

从时间上看，公元前2世纪，能够直接调阅皇家档案的史官司马迁，在他的《史记》中都没有提到过早期的人口数量，后来修《汉书》的班固对此同样也未作记载。那么公元3世纪生人的皇甫谧，又怎么会得到夏禹时代确切的人口数据呢？可能有人会想，是不是皇甫谧发现了一些秘籍。但根据史书来看，皇甫谧家境贫寒，自小就没有机会读书，学有所成后才得到皇帝赏识。他曾向皇帝借书，皇帝选了一车书借给他。大家可能会认为一车书的数量庞大，实际上当时的书还是竹简或帛的形式，所承载的信息很有限，恐怕难以找到什么"独家记录"，否则司马迁和班固这些前朝史官一定会更先一步进行记录。因此，从史料学的角度来讲，皇甫谧记载的这一数字是来历不明的，即便不是他本人伪造的，至少其信息的来源也一定是伪造的，因此并不可信。

有人认为《周礼》中记载了周朝的人口调查制度，可为信史。《周礼》中确实存在很多关于人口调查和登记的条文：

> 小司寇之职，……及大比，登民数，自生齿以上登
> 于天府。
> 司民掌登万民之数，自生齿以上，皆书于版。……
> 异其男女，岁登下其死生。
> 大司徒之职，掌建邦之土地之图与其人民之数。

其中就提到了小司寇这个官职，在国君进行全面统计的时候，他需要将从婴儿到老人的民众数量进行登记，归档到最高档案馆。司民这个官职同样是负责人口登记的。自民众出生开始，司民就要将各人的名字统计到木简之上，同时还要统计性别和每年的出生与死亡人数。大司徒则要规划全国的土地制度，掌握全国地图及土地上相应的人口数字。既然如此，为什么我依然认为周成王时期不可能得出确切的全国人口数字呢？

按现在的分析，《周礼》中记录的制度并不是西周已经存

在或者实施的制度，而是文人学者追加的一种历史想象，认为治理国家应该有这样的制度，在没有历史依据的条件下就托名于周公，致使后世误以为周朝存在这样的制度。具体分析为什么不存在这些制度，我们可以对比以下的例子。

《周礼》中有这样一条记载："媒氏掌万民之判，凡男女自成名以上，皆书年月日名焉。"其中提到了"媒氏"这一官职，其职责便是负责记录全国成年男女的出生年月日及姓名，这样的官职不要说西周不可能有，连清朝时都不存在。

事实上根据现有的历史记录能够确定，我国人口调查概念与制度的初步形成，是从战国时期才开始的。而中国可追溯的最早有关人口调查的记录则始于周宣王时期。《国语·周语》中有这样一则记载：

> 宣王既丧南国之师，乃料民于太原。仲山父谏曰："民不可料也！夫古者不料民而知其少多，司民协孤终，司商协民姓，司徒协旅，司寇协奸，牧协职，工协革，场协入，廪协出，是则少多、死生、出入、往来者，皆可知也。于是乎又审之以事……是皆习民数者也，又何料焉？"

大意就是，周宣王在战败之后来到太原（今宁夏固原市一带）这个地方调查人口，他的大臣仲山父就规劝他说不应该清查人口，不同的人口自有不同的官员去管，司民、司寇、司商等人各司其职，将各自的统计汇总即可知晓人口增减，国库盈亏，又有什么必要去调查人口数量呢？究其本质，不去调查人口还能保持下面的人对周王室的信任，如果调查结果反映人口减少，反而不利于王室统治。这便是中国历史上首次统治者直接调查人口的确切记载了。

而推测出的中国历史上人口调查的出现，最早也要到商朝，即公元前17世纪至公元前11世纪。原因何在？首先，人口调查的能力来自国家机构的支撑，需要一批专职的人负责实施，商朝已经具备这个条件了。

其次，商朝已经出现了甲骨文，同时在甲骨文中已经出现了复位数，个位数能承载的信息量有限，复位数则大大提高了统计的能力。目前在甲骨文中发现的最大数字是三万，这已经具备了调查的条件。在甲骨卜辞中，已经不止一次发现"登人"达到一二万的记录，"登人"即调查人口，"一二万"即数量可观。而当时无论是军事征伐、征收赋税，还是分配俘虏或奴隶，都离不开人口登记和统计，说明在商朝时，既有统计人口的需求，也有这个能力了。

因此从理论上讲商朝已经开始调查人口了，但依然做不到全国性的覆盖。而目前确切可证的第一次全国性的人口调查则完成于秦朝，因为早在秦献公十年（前375），便已开始实行"为户籍相伍"，即对民众进行户籍编制，说明户籍制度已经落实。商鞅变法后实行"五家为保，十保相连"，如果没有前期的户籍登记，则无法进行如此精密的安排，这一点也证明了当时已统计出基本的户籍数字。在废除井田制后又规定"既收田租，又出口赋"，其中口赋是以人口为标准收税的，如果没有对户口的基本统计，根本做不到有效的征收。到了秦始皇十六年（前231）规定，"初令男子书年"，可见在这以前男性人口也是不登记年龄的，直到这一年才有明文规定。男性人口登记年龄，其目的就是征发兵役和徭役，这也从侧面证明了《周礼》中的记载是不实的。

战国后期，各国已经普遍建立了上计制度。再加上秦始皇统一以后实行中央集权制度，规定户口都要逐级上报至郡县，再汇总到朝廷，这样才能确定全国的人口数字。刘邦进驻咸阳后，具有战略眼光的萧何接管了秦朝遗留的律令文书，其中就包括户籍，刘邦及后来他建立的汉朝也借此得到了全国确切的户口数字。

据说，刘邦路过河北时到了一个叫作曲逆县的地方，他感叹道：这么大的县，我走遍天下感觉除了洛阳以外，就数这个县最大。于是他就问这个县有多少户口，旁边的御史就回复他说，这个县在秦朝时有3万多户，现在还有5000户。可见秦朝的户口资料是完整的，可惜这个资料早就不存在了，但可以肯定的是，秦朝时已经有全国详细的户口资料了。

我们现在还能够看到全国性户口资料，就是公元2年即西汉元始二年的全国户口数字，来自《汉书·地理志》："民户千二百二十三万三千六十二，口五千九百五十九万四千九百七十八。"全国户口总数为12 233 062人，人口总数为59 594 978人，已经精确到了个位数，这是建立在逐级调查汇总的基础上的。不仅如此，其中还包括了全国103个郡、国的数据，每一个郡或国都有完整的户数和口数，还有首都长安等5个县的户数和口数，以及宛县，也就是今天河南南阳等5个县的户数。如此清晰的统计数字都是建立在完整的户籍登记调查的基础上的。但是，这些数字究竟是不是实际的人口数呢？这个问题很复杂，我们在后面的章节中会详细叙述。

古代有户口本和身份证吗

在之前的篇目中，我们了解到古代已经有了户口调查制度，那么家庭是否有户口本，个人是否有身份证呢？关于这个问题，我们用考古实物来具体说明一下。

在内蒙古自治区阿拉善额济纳旗曾出土了一批木简，根据考证，这里就是汉朝时被称为"居延"的地方，当时那里有一片湖泊，名为居延泽，这片湖泊至今仍然存在。汉朝在居延泽设置了驻屯军，既有军事防御工事又有居民定居点，因此出土的这一批木简被称为居延汉简。我们可以看一下其中的两条木简记录：

居延都尉给事佐　居延　始至里　万常善　年卅四岁　长七尺五寸　黑色

首先是对职务的记载，此人为居延都尉之下的给事佐。其次记录居住地点，即县级单位居延及之下的始至里，再之后是对其本人信息的记录：名字叫万常善，三十四岁，身高七尺五寸，相貌特征是肤色为黑色。古代没有照片，肤色就成了对外貌特征最直观的描述。从那个年代的记录来看，一般人的皮肤多为黑色或者黄黑，少有白色，此外还有"多须"，即胡子比较多这个相貌特征。这一条是对居延本地人的记录，接下来我们再来看一个从外地到居延当兵的人的记录：

河南郡　荥阳　桃邮里　公乘　庄盱　年廿八　长

七尺二寸　黑色

河南郡是他所在的郡，荥（荥）阳是他所在的县，基层住所为桃邮里，他的身份是公乘，这是二十等爵中可以赐给百姓的爵位。名字叫庄盱，二十八岁，身高七尺二寸，皮肤也是黑色。需要注意的是，以上提到的这些并不是专门的身份证，而是核查身份用的"过所"——通关凭证，方便往来关隘哨卡时拿出来给守卫人员核查身份用的。

除此之外，还有更为严格的家庭过所：

永光四年正月己酉

橐佗吞胡隧长张彭祖　　符

妻　大女　昭武　万岁里　　　年卅二

子　大男　辅　年十九岁

子　小男　广宗　年十二岁

子　小女　女足　年九岁

辅妻　南来　年十五岁

　　皆黑色

　　这是一个家庭合用的过所，囊佗吞胡隧是一个哨卡或烽火台，张彭祖的职位为隧长，"符"便是给予张彭祖一家的通关文牒。妻子住在昭武县的万岁里，这应该就是张彭祖一家的地址，年四十二；大儿子叫张辅，19岁；小儿子叫张广宗，12岁；女儿张足，9岁。这里写到了"子小女"，大家可能会有疑问，为什么子和女儿能写在一起，这是因为古代的"子"就是孩子的意思，既可以包括儿子，又可以包括女儿。还有长子张辅之妻南来，15岁。最后，我们可以看到全家的肤色都是黑色。我们对照下来，就可以证明汉朝肤色白的人是很少的，胖的更少。当时一般百姓都是肤色黝黑，有的则是黄黑或微黑。

　　这样一种登记了全家信息的"过所"，其实也不是户口本，在当时还没有户口本。虽然那个时代纸已经出现了，但造价还是很高的，所以一般只有在必要的时候才会在木简上记录有限的信息。那什么情况才是必要呢？也就是这种需要经常检查的边防地区，或者关口、检查站。

　　那么这些内容哪来的？是从战国后期到秦汉时期，政府开始实行一种叫作"上计"的制度。上计每年一次，内容包括人口数量、农业的收成产量，以及刑事案件，这三项分别对应了人口、生产和治安，这当中人口是最重要的。根据《商君书》的记载"十二月而计书已定"——到了每年十二月，上报的计书内容就需要确定下来，在此之前各地要做好调查工作。

秦始皇统一六国后，规定每年的农历十月初一为新年伊始，上计的时间也据此前移，到农历九月底各地就必须调查好户口数。汉武帝时又重新恢复了农历正月的地位，并以此作为岁首时间。辛亥革命后改用公历纪年，各地统计的截止时间就是公历十二月底。从秦朝开始，中央政府控制的土地面积日益扩大，为了保证农历十月到农历正月这个时间完成上计，从农历八月秋收后各地长官就要展开调查，秋冬之际就要将数据汇总呈报至中央。为了调查的精确性，往往需要具体到个人逐一核对，在农村需要县官亲自下乡核查，在城里则是将百姓聚拢核查，保证既不重复，也无缺漏。

　　因此，与上计制度相匹配的户口本（户籍册）也应运而生，目前发现的最早的户口本可追溯到十六国时期的西凉建初十二年，即416年，那时纸张已经普及了。近代在敦煌出土了大批古代的户籍残卷，很多报废的户口本纸张被人用作缝纫时的样本得以保存下来，我们也由此看到了中国最早的户口本。这是其中较为详细的一则记录：

　　　敦煌郡敦煌县西宕乡高昌里兵裴晟年六十五
　　　　息男丑年廿九
　　　　次男弟溱年廿五　　　　　次男
　　　　溱妻冯年廿九　　　　　　女口
　　　　　　　　　　　　　　　凡口四
　　　　　　　　　　　　　　　居赵羽坞
　　　　　　　　　建初十二年正月籍

户主是裴晟，住址已经明确到了郡、县、乡、里。具体到个人，裴晟时年六十五岁，长子名丑，二十九岁；次子名溱，二十五岁，其妻冯氏二十九岁，共计四口人住在赵羽坞，统计于建初十二年正月。由此可见，古代户口本的记录十分详细，包括住址、姓名、年龄、职业、户主及家庭成员的关系，以及记录时间。

唐朝时建立了更为完整的户籍登记制度。因为自隋朝开始，就在六部设立了民部，唐太宗时因为要避他的名讳（世民），更名为户部，直至清朝。户部统辖的工作职责众多，其中很重要的一件就是调查户口。调查户口的第一个步骤叫"手实"，即户主每年申报家中人口及所占有的田宅，然后由乡、里汇总各户数据，编成"乡账"，之后再由州县将乡账汇总起来编成"计账"，于每年五月底前上报给中央的户部。户部根据全国的计账，在十月底前编出这一年度的收支预算。既然知道了具体的户口人数，那么所需要的赋税也就能算出来了。由此可见，当时调查户口户籍的一个主要目的就是确保财政收入。

唐朝规定户籍每三年编造一次，正月上旬开始由州县汇总手实记账，由州按统一格式编制，以乡、里为单位立卷，注明某地某年籍，州、县分别盖印，一式三份，报到中央户部一份，州、县各留一份，三月三十日前完成。久而久之，由于文书材料过多，没办法永久保留，便规定计账保留五次，即十五年的记录。到第六次便可以销毁前面的卷宗，这就是为什么前面说有些户籍记录可以被当作废纸处理掉。户部一开始能够保留三次的户籍信息，到景龙二年（708）以后扩大了这一规模，规定可以保留九次。政府在造户籍时还会预定户等，因为不同的户等所承担的赋税与徭役是不同的。政府在造户籍的过程中要付出大量人力物力，便规定每人每次交付一个铜钱作为工本费，全国汇总后也是一笔不小的数字，后来还出现了一些户部官员贪污这笔钱款的情况。

唐朝时期完善的户籍制度，可以从唐大历四年（769）记载的敦煌户籍中的一条，看到更为清晰明确的记录：

沙州敦煌县悬泉乡宜禾里手实

户主赵大本年柒拾壹岁　　　老男下下户，课户，见输
　妻孟年陆拾玖岁　　　　　老男妻
　女光明年贰拾岁　　　　　中女
　男明鹤年叁拾陆岁　　　　会州黄石府别将
　　　　　　　　　　　　　乾元二年十月□日授甲头张
　　　　　　　　　　　　　为言，曾德，祖多，父本

　男思祚年贰拾柒岁　　　　白丁
　男明奉年贰拾陆岁　　　　白丁　转前籍年廿，大历
　　　　　　　　　　　　　　　　二年账后貌加就实

户主赵大本七十一岁，被定义为老男，户等为下下户，课户即为纳税户，收实物税。妻子孟，六十九岁；女儿光明二十岁，被定为中女；儿子明鹤，三十六岁，官职为会州黄石府别将；次子思祚，二十七岁，身份为普通人；三子明奉，二十六岁，身份

同样是普通人。那么后面的"转前籍年廿，大历二年账后貌加就实"是什么意思呢？意思是赵明奉上一次户籍登记时为二十岁，到大历二年（767）普查时根据样貌发现他隐瞒了年龄，现按照实际年龄落实为二十六岁。由此可见当时的核查是非常严格的。

在实际调查户口的过程中往往会出现问题，而当时没有照相技术，怎么来具体确定个人信息呢？常规的案比[1]制度纰漏众多，经常出现核查人口不到现场，主管官员敷衍了事、徇私舞弊等现象，代之而起的便是突击性的"括户"。以南朝为例，调查户籍的主要作用在于核实门第身份，通过突击检查的方式，将冒充高门的门第重新定格。而北朝括户的主要目的就是搜括人口，北魏孝文帝多次括户，曾一次从青、徐等五州括出十余万户，以防止民众不缴税、不服差役。

隋文帝统一全国后实行了更大规模的户籍调查——大索貌阅，遍查"诈老诈小"现象，防止十八至六十岁之间的男丁虚报年龄。为避免调查人员无法根据样貌判断，隋政府还鼓励邻里相互揭发，最后一次性括出四十四万丁、一百六十四万一千五百口民，可谓战果辉煌。

唐朝的相貌核对叫"貌定"，貌定的重点对象是"五九""三疾"。首先说"五九"，即以十九岁、四十九岁、五十九岁、七十九岁和八十九岁的男性为重点关照对象。因为十九岁的男性到下一次普查就是二十一岁的成丁年龄，四十九岁是因为

---

1 案比，即案户比民，户籍调查。

男性到五十岁便可免除课役。六十岁便成为老人，享受一定的补贴，而八十岁和九十岁享受更优待遇，因此五十九岁、七十九岁和八十九岁者也在考察对象之列。

"三疾"，即残疾、废疾、笃疾，这是可以免除徭役的三种残疾。如果是轻度残疾，则通过"貌定"来鉴定，比如一个人腿脚残疾，检查人就会让你走动一下来判定是否真实，核实后再注明"貌加"、"貌减"或"就实"。情况核实后，再根据各户的人口、资产、承担赋役额度等确定户等。

五代时期，因为分裂与战乱，朝廷无法组织精细的人口登记，所以经常是将人口集中起来进行"团貌"，在没有照相技术、没有个人具体信息的情况下，这样做很难保证精确性。更何况户籍登记往往牵涉到重大的经济利益、人身权利，譬如民众可以找个借口不服劳役，由此突出"貌定"这种手段对于统治者的重要性。

历代户口调查结果可靠吗

前面我们讲了很多户口和人口的区别以及户口的准确性，那么，中国历代留下的那么多的户口资料，到底可靠不可靠呢？

有这样一个事例。清朝顺治十三年（1656），有个叫朱克简的官员向皇帝上奏了一篇题为《停造无益之黄册事》，要求停止继续编造黄册[1]。明朝花了大功夫编造黄册，直到最后一朝总共攒下了一百七十万本，几千吨重。为什么朱克简此时提出要求停止编造黄册呢。因为他去查了明朝留下的黄册，结果查到在明朝崇祯十五年（1642）时已经有人在预先编造崇祯二十四年的户籍了。实际上明朝在崇祯十七年（1644）就已经灭亡了，大概这个官员想省点事，想着如果十年之后自己还在这个位置上，那干脆一次性就把十年之后的数据也编好。这样的黄册还有什么用呢？这还是被发现的情况，也就说明必然存在着大量看起来每十年一

---

1 黄册，明清为征派赋役编造的户口册籍。

次劳师动众编造的黄册，其中很多数字都是根本未经过调查的估算之作，这样的黄册的确没有再编下去的必要。不过既然已经留下那么多资料，再说也找不到其他资料，如果知道了黄册本身的弊病所在，知道了哪些数据比较可靠，哪些不可靠，那么黄册还是有用的。

为什么历来的户口数基本上靠不住？原因就在于一般情况下，集中到皇帝那里的数字绝大多数都是有隐瞒的，而且是层层隐瞒，甚至以隐瞒为主。

那么有没有虚报的呢？倒是也有，只不过是个别情况，比如皇帝好大喜功，下面人就有可能虚报。有时皇帝会表彰地方户口增加得快，那么有的官员也会虚报人口。虚报的目的绝大多数是官员个人为了快速晋升，要冒功才虚报，但在更多数情况下都是隐瞒的和少报的。

大家可能会想当然地认为，少报人口的一定是贪官，但其实清官也会少报。明清时期有些官员在离任时，百姓会送万民伞来歌颂他，立去思碑来表达思念，甚至公然写上他帮地方隐瞒了多少户口，作为他在百姓心中的政绩。贪官隐瞒户口是为个人牟利，比如某地明明是2万人，报成19 000人，剩下1000人的赋税就可以收入自己腰包了，这个很容易理解。但为什么清官也要隐瞒呢？答案是他要帮地方减轻负担，比如明明户口2万，清官只上报18 000人，相当于减少了摊派的定额，也就减轻了百姓的负担。

我们知道明朝和清朝的地方官需要异地就职，不能在本地当官，至少也要去离家乡五百里外的地方上任，就任后语言不通的情况比比皆是。再说科举出身的人根本不具备行政能力和经验，很难处理诉讼案件、管理财政，这都需要依靠师爷的帮助。一般一个县里至少有两房师爷，一房管刑名，一房管钱粮。最主要的是钱粮师爷，大概相当于今天的财政局局长和税务局局长。县里究竟有多少户口师爷自己清清楚楚，但他并不会把真实数据全部上报。师爷有三本账，第一本账是给自己看的，这类资料如果我们今天能够发现，对中国人口研究会有极大的帮助，因为误差非常小；第二本账是给上司，也就是给县官看的，这一类账本上的人口数字已经比师爷自留的那一份减掉了一点，这样做或是为了减轻自己的负担，为将来征收赋税留有一定的余地，或是一些清廉的师爷为百姓减少摊派；第三本账就是供县官上报的账，在这份账本中师爷又要帮地方官隐瞒一点。

从中我们可以看到，之所以历代无法统计出精确的户口数字，第一个原因，可以说是制度问题。因为确切的户口数字就意味着相对比较高的赋税与负担，这也是为什么明朝朱元璋晚期第二次、第三次修黄册时，对调查户口的要求已经从派军队去逐户调查转为"务求不亏原额"了。调查的本身是为了保证财政收入不能下降，原先的赋税额度不能亏损。既然这样的话，地方官员何必再挨家挨户辛苦调查呢？只要让这个数字较上一次略有增加就可以了。因此，当修黄册的官员预计自己十年后还会在这个位置上时，就会预先编造好来减少工作量，这其实是很正常的心理。可以说户口制度上已经出现了随时预编数字这样制度性的弊病。

第二个原因就是存在不可避免的误差。中央集权制度表面上要求全国行政统一，实际上在这样辽阔的疆域中，各地情况千差万别，地方却没有自主权。比如上级政府规定某月某日黄册全部汇总，某地万一出现暴雨导致交通中断，不按时上交又要遭处罚的话，就会出现不等基层上报，直接编造一个数字以完成任务的情况。又比如说，中国是季风性气候，自古以来旱涝灾害比较多，副热带高气压或西伯利亚冷空气稍有波动就会带来明显的气候异常，比如梅雨季节雨带就会时而停留在江淮地区，时而转移到北方。在灾情报告中，多数地方官会夸大受灾的人数，以便获得较多的赈济，如果完全如实上报，就享受不到更多的赈济。总而言之，在庞大的中央集权制的国家存在着千差万别的情况，却又有着形式上的统一要求，需要按照统一的制度来行政，结果反映在户口上往往就是产生各种误差。

那么有没有大致准确的户口数呢？只能说很难见到。一是中国历史上有一些时间上的空白，有几个阶段处于大分裂状态。比如十六国时期或五代十国时期，很多地方政权地域狭窄，彼此割裂，无法做到统一管理，在这样的年份中就无法得到全国的户口数，即使有这样的数据也没能保存下来。除了上述的割据时期，在之前的夏商周时期更是无法统计。

二是长期存在空间上的空白。历朝历代都是根据行政区划，通过行政官员去调查户口的，直到清朝末年才开始通过警察调查户口。很多地方长期以来是没有设立行政区的。比如新疆，在西汉神爵二年，即公元前60年设立都护府，而都护府并不是正式的行政机构，只是一种相对松散的监护性质单位，控制力强的时候西域各国还会上报户口，但还有很多时候是无法得到当地人口数据的。唐朝时期在边疆广泛设立羁縻都督府、羁縻州，这些地区归属唐朝，但唐朝基本没有进行行政管理，并没有在那里统计户口。到了元朝，元政府开始在一些少数民族地区建立土司管理制度，比如说今天的湖北恩施，在元明时期就是地方土著首领自治，外人需要得到批准方可进入。直到清朝，这里才开始设府置县。清朝以前，历代中央政府没有对这些地方进行过户口调查，也就缺乏真正的全国性的户口数据，这就是空间上的空白。

三是调查对象的空白。除了存在大量居住在深山或边疆等地区的少数民族，还有很大一批没有重新进入户籍的流民。每次人口迁移都有大量脱离户籍的流民，但最终并不是所有人都会重新进入户籍。比如湖广填四川，移民在到达四川后重新被分配土地，并依法被官方重新登记，进入户籍。但在此之前，流民大多不能进入户籍。还有一些特殊的对象，比如清朝的八旗需要自行登记在八旗户籍中，并非登记在正式户籍中。与此相似的还有明朝的宗室也不计入正常户籍，而是有自己专门的登记册。另外很多朝代，尤其是明清两代，军籍与民籍是分开的，且不能改变，明朝甚至出现过军籍身份的人冒充民籍，考中进士并做了大官的事例，但皇帝还是不同意正式改掉他的军籍。此外，像僧道、奴婢、贱民等特殊身份，还有东南沿海船上的疍民，都是不进入户籍统计的。

汉朝以降，每次全国性的调查都有几千万人的规模，技术性误差本身也是不容忽视的原因，这些错误产生后是无法纠正的。即使我们已经动员了700万人，且技术良好，但实际也还是有一定误差率的，只不过我们今天的误差比较小，而历史上的调查误差一般很大，而且是不可避免的。另外，因为记录户口的原始档案太多，反而不易保管。当时的朝代凡是没有经过整理，正式进入史料的户籍资料，大部分在当代就已经散佚了。

那么今天的我们可否根据现有的户籍资料进行人口研究呢？只要条件充分，基本还是可以的。一般来说，户口数字本身比较完整正确时，我们可以根据户籍登记的对象占总人口的比例，来推算出大致的人口总数。比如西汉时期，赋税对象覆盖了大比例的总人口，七岁以上的男孩、女孩都需要计算进去，这种可调查对象占总数比例高的情况，所计算的人数就比较接近总人口数。但这样的情况也不可能估计到个位数。表面看起来越精确，往往距离实际会越远。

在研究人口的过程中能够说比较有把握的，是确立上限和下限，比如至少已经有多少人，至多不超过多少人。这样的估计表面看起来不是很精确，其实恰恰比较符合实际。为什么我们要有这样谨慎的态度呢？因为影响到人口增长变化的因素太多，也太复杂，对于那些时间、空间以及调查对象的空白我们是没有办法弥补的，在估算时的风险也很大。因此，我们对直接和间接影响人口变化的这些因素要做综合性的研究，并借助一些现代的人口学模型及相应的推算方法，这样才有可能复原出比较准确的人口总数和其他若干的分类数。但同样的道理，分得越细，往往也越不精确。

为什么朱元璋要出动军队调查户口

统治者为了确保户口调查的真实性，会千方百计地采取措施，包括按比、貌阅、团貌，但有一个人居然出动了军队来调查户口，这个人就是朱元璋。朱元璋出身穷苦，清楚赋税劳役里弊病很多，所以在做了皇帝以后下决心要将全国户口调查清楚，以保证劳役均衡，不隐不漏。那么他是怎么调查的？为什么他要这样调查？我们不妨先看看在他以前的朝代，在户口调查中都存在着什么样的弊病。

宋朝社会经济发达，生活优裕，商业繁荣，所以宋朝的户口登记形式是多头统计，因为不同的部门需要不同的数字，今天很多人因为不了解这个情况，在看到宋朝留下的户口数后就感到不可思议，比如说宋朝户均口数低得出奇。元丰三年（1080），全国户均口数为1.42人，天圣元年（1023）为2.57人，如果全国户均人口真的是只有2.57人，那就意味着平均两家才生一个孩子，如果全国的户均人口真的是1.42人，那就意味着一半以上的人是单身。但是我们也发现，同时代不同地方的差距大得出奇，比如有一年淮南西路户均人口是2.23人，但是同时河南的光州（今河南潢川）户口居然是平均每户12.75人。这种现象怎么解释呢？其实是因为我们不了解宋朝复杂的调查制度。宋朝的版籍有五类：

第一类是户籍，又叫作五等丁产簿和物力簿，每三年一编，每年向户部报升降账、桑功账，只登记主户，不登记客户。第二类叫税账，税账又分两类，一类叫管额账，一类叫纳毕账。前者是上报应缴的，后者是实际缴的，每种又分为夏账、秋账，登记主户、客户。第三类叫丁账，只登记男性成丁人口（赋役人口，二十岁至六十岁），老人、小孩和妇女都不在登记之列，登记内容包括被登记人的年龄、姓名和家中口数，以及家中其他男性的姓名和年龄，最终报给户部。第四类是保甲簿，只登记男性丁口（包括老丁、幼丁，即家中男性成员），三年一造册。第五类是砧基簿，绍兴十二年（1142）起政府重新调查财产，每三年登记一次。所以并非所有人口都放在一本账里。

到了金朝实行猛安谋克制，京府州县郭下则置坊正，村社则置里正，猛安谋克部村寨，五十户以上设寨使一人。连和尚道士都有管理，每个寺观都设一个纲首负责登记。所以说，金朝的户籍制度是统一的，登记范围很全面，也很精确，宋朝因为是多头统计，想弄清楚很麻烦。

元朝时统治混乱，统计口径各种各样，正因为这些弊端的存在，朱元璋在当了皇帝后便一心想要厘清户籍。洪武三年（1370）十一月二十八日，朱元璋就下旨清查人口，这篇圣旨是根据朱元璋的口述记录，大家一看就能明白：

> 说与户部官知道：如今天下太平了也，止是户口不明白俚。教中书省置下天下户口的勘合文簿、户帖，你每（们）户部官出样式，去教那有司官将他所管的应有百姓都教入官，附名字，写着他家人口多少，写得真着，与那百姓一个户帖，上用半印勘合，都取勘来了。我这大军如今不出征了，都教去各州县里，下着绕地里去点户比勘合。比着的便是好百姓，比不着的便拿来做军，比到其间有司官吏隐藏了的，将那有司官吏处斩。百姓每自躲避了的，依律置罪，拿来做军。领此除钦遵外，今给半印勘合户帖，付本户收执者。

朱元璋动员了至少几十万军人直接参与了调查，而且调查好以后要将勘合文书呈给他看。勘合文书一式两份，内容一样，一份住户自己留着，一份官府保留，为了防止作弊，中间盖骑缝章，官员还要画押。现在我们的人口普查已经具体到入户了，朱元璋时代虽然不一定入户，但至少已经入村入乡了。正因如此，明朝初年调查的户口相当精确，而且每家每户都有自留的文书，给我们留下了有据可查的原件，这里来举一例：

一户郎礼卿　池州府贵池县杏花村居住
男子四口

成丁二口

　　本名　年五十四岁　男贵和　年二十八岁

不成丁二口

　　次男观音保　年七岁　孙佛保　年七岁

妇女二口

　　妻阿操　年四十二岁　男妇阿尹　年二十八岁

事产　屋五间　基地八分

右户牒付郎礼卿收执　准此　洪武四年　　月　　日

　　安字二百二号　　　（六花押）

　　从中我们可以完整还原出池州府贵池县杏花村这一家人的生活情况：家中男子四口，其中成丁者两口，本名是户主自己，五十四岁，长子名贵和，二十八岁，这是两口成丁者；不成丁者两口，小儿子观音保七岁，孙子名佛保，同样是七岁；妇女两口，妻子阿操，四十二岁，长子媳妇阿尹，二十八岁。从住址到户主，再到是否成丁，男女几口，全部清清楚楚。此外也对财产进行了调查，郎礼卿家有五间房，八分宅基地。最后记录日期和编号，六名经办人在缝上签名，一份居民自留，一份收归官府。可见朱元璋当时的确下了很大的决心，不惜出动军队和严厉的法规来实现清查人口。

　　为了使制度永久化，洪武十四年（1381）朱元璋下令，规定全国每十年编造户籍一次，即黄册。每户在规定时限内填写统一格式"供单"：人口数、姓名、性别、年龄、与户主关系，田土数量、坐落地点、应缴税粮，房屋类型、间数，牲口头数及其与十年前相比的增减数。每十户设一甲首，十甲设一里长。由甲首审核下面的居民情况以后，将信息呈交到上面的厢长、里长，里长将供单装订成册，继续上报至州县衙门。州县的汇编方式是县总册上报府衙，府衙再上报布政司，布政司审核以后派一名官员和其他随员送到户部衙门。因为当时的首都在南京，这些黄册就全部储存在南京后湖，也就是玄武湖边上的专门仓库里。明朝迁都北京以后这个制度并没有改，黄册依然每十年送到后湖储备，且对呈送的时间进行了规定：距离南京最近的浙江为二十天，最远的云南为一百八十天，浩浩荡荡的官员亲自押送黄册前来。整个明朝共编了二十七次黄册，跨度为二百七十年，每次形成六万本。到了明朝末年，总共积累了一百七十万本，总重量估计超过四千吨。

军人的户籍归兵部掌管，并不编入黄册。但后来出现军人逃离卫所的现象，兵部就派人到黄册里面找，看这些人是否已进入了黄册，可以说黄册的作用非常之大。这样的黄册登记按理来说应该是很精准的，但从第二次编造黄册开始，黄册就开始变味了。朱元璋之所以要如此详尽地调查户口，是为了保证国家的赋税收入，但是到了洪武二十四年（1391），对新编造黄册提出的要求是"务求不亏原额"，要求每次的赋税额度不能比上一次少。下面的官员意识到已经不需要费大力气去调查全部的人口了，只要保证赋税额度不缺少就可以，比如某县上一次统计有两千丁，十年之后再编造的时候只要编到两千丁以上就行了，不必再花精力去统计丁口和妇女。这样一来，从第二次、第三次编造黄册开始，登记的重点已经转到了赋税额度。那些表面上看起来精确到个位数的人口数，甚至具体到名字的统计材料往往就是胡编乱造。到了清朝，康熙三年（1664）停止编造黄册。如前文所述，清廷发现黄册已经失去了实际意义，甚至发现大量预先编造好的黄册，所以清廷改为每年由各地送丁口增减册，三年编审一次，目的就是要求地方停止搞花样，如实报告丁口增减。康熙五十一年（1712）宣布了一项重大改革——"盛世滋生人口，永不加赋"，朝廷认为每年收取的赋税已经足够，所以从现在开始新增加的人口不需要再承担赋税。但出于惯性作用，各地在上报人口数字时还是会尽量隐漏。到雍正年间又进行了一项改革，即"摊丁入亩"，将人头税摊到了地税中去。国家从此根据土地数量来收税，丁口数已毫无意义。从此以后再调查户口，理论上讲就是纯粹的调查人口了，和赋税额度已经完全脱钩。

乾隆五年（1740）颁布谕旨，"每岁仲冬，该督抚将各府州县户口减增，仓谷存用，一一详悉具折奏闻"。要求各省总督和巡抚要将各府州县的户口增减数量，还有仓库的储备数量自行上报。户部建议应该让各省督抚"将各府州县人丁按户清查，将户内大小各口一并上报，毋漏毋隐"，要求州县也都做一次清查，一起上报，这样才能够做到人口不隐瞒不遗漏。但是皇帝召集大臣开会后大家却纷纷表示反对，认为这样太烦琐，户部就建议各省州县要设立保甲门牌，土著流寓已经有户籍可查，那么只要去除那些流寓等临时户口，只将土著报上来，就可以得到实际的人口数量，不需要每次都做调查，督抚只要每年十一月将户口数和粮食数造册上报即可。少数民族地区本来就不参加户口编审，就不需要再进行统计了，还要求居民将保甲门牌贴在自家门上，以便于核查。但这样的数字仍不是经过具体调查的，仍然不准确。到了乾隆四十年（1775），又要求各省督抚督促所在州县要查具确切的人口数，在每年十一月上报，而且规定"若造报不实，予以议处"。

这样一来，从乾隆四十一年（1776）开始，可以说清朝的户口数字基本上就符合了真实的人口数字。接下去还推广"循环册"，保甲登记册一式两份，保甲人员、官府各执一份，谁家生了孩子或有老人去世，或人口发生变化，都随时登记在册，定期轮换修订，以便地方政府能够及时掌握下面人口的动态变化，这样户口的登记就更加精确了。

到了光绪三十四年（1908），清朝要预备立宪，而宪政的一项重要措施就是选举。要确定一个地方有多少人，多少人有选举权，选区怎样划分，都需要有确切的人口数字，因此需要进行人口调查。于是这一年在内务部下设立统计司，并且制订全国人口调查的六年计划，要花六年的时间完成这次人口调查。后来为了加快立宪，改为四年，并颁布了全国统一的调查项目细则，制定标准表格，并且将这项任务交给了清朝末年各地新建立的警察部门，此后人口调查的职责就归警察局了。今天的派出所有户籍警，承担户籍登记管理的职能，就是从那个时候开始的。由于是第一次，多数地方警察配备不足，再加上执行比较匆忙，有些地方还没开始调查清朝就灭亡了，很多匆匆忙忙上报的数字还不准确。这是中国历史上第一次以实际人口为目标进行的全国性人口调查。

真正的人口普查开始于1953年，完全采用了国际通行的现代人口普查方式逐户调查。这一次的质量基本合格，但是还有不足，比如西藏还没有做到真正调查——西藏的人口数字是西藏地方政府自己上报的，存在多报的情况。个别偏远地区在当时的条件下也没真做过调查。但无论如何，1908年中国已经有了全国人口普查的计划，并且开始实施，在1953年真正完成了第一次全国人口普查。

那么人口普查跟户籍登记有什么区别呢？为什么我们特别强调这一点？人口普查是在国家规定的统一时间内进行的，具体到某一天某个时间点，因为人口是动态的，随时都有新增的出生人口与死亡人口，所以必须有一个固定的统计时间点。此外还要有统一的方法，比如项目表格。最终对全国普遍进行逐户逐人登记，才叫人口普查。中国古代并不具备这样的条件。首先，古代没有办法确定一个统一调查的时间。其次，户籍登记从来没有一个涵盖全部人口的体系，它对性别、年龄、残疾户、主户、客户、民户、军户、匠户，甚至僧道户、皇族人员，以及像清朝的旗丁，往往是分别登记的，因此最终合成的总数总是不准确，不像人口普查一样都能够完整进行调查。再次，户籍登记也从来没有覆盖过全国的全部人口。比如明确规定少数民族地区和土司管理地区，以及没有设置行政区的地方不纳入调查范围。另外很多合法的不承担赋税的人口、流民、隐匿人口、常住的外国人，还有一些贱民，像奴婢、贱籍都是不登记的，因此不像人口普查一样普遍。而最终的登记结果也往往不区别暂住人口和常住人口，比如有些所谓流寓，还有些异地任职的人经常不做区别。最后，户口登记往往是人户分离的，登记的籍贯与实际居住地常常是脱离的，像首都地区、边疆地区、军事地区，常出现人在那里，但无法落籍的状况。所以户籍登记是不可能做到像人口普查这样，真正落实到逐人调查的。

正因如此，今天我们要了解古代究竟有多少人，绝对不能够简单地根据当时的户籍留下了多少户或口来确定。我们刚刚进行完的第七次全国人口普查，可以说完全达到了现代人口普查的高质量，精确度极高。第七次全国人口普查定下的标准时点是2020年11月1日0时，而且这次的普查还包括了人口变动情况与房屋情况，这些在以前都是没有的。动员普查人员达700万人，范围相当广。此外，普查对象还包括了中华人民共和国境内的自然人，以及在中华人民共和国境外，但没有定居的中国公民。在海外拥有中国护照的公民同样在调查之列，可以说这是一次最彻底的普查。而调查的项目也是最多的一次，内容包括了姓名、身份证号码、性别、年龄、民族、受教育程度、行业、职业、婚姻、生育、死亡、住房，还有迁移流动的情况等，不仅是中国历史上项目最多，在世界各国人口普查里面也是项目最多的，最终调查的结果数量也是迄今为止最大的。全国人口（不包括港澳台地区），总共1 411 778 724人。我们中国虽然有五千年文明史，但户口调查经历了这么长的时间，最后到1953年才终于完成了全国第一次人口普查。而第七次全国人口普查，可以说是完成了人类有史以来最大规模，也是最精确的全国人口普查。

为什么徭役会成为王朝覆灭的导火线

我们在学习历史时经常看到这样的事情，很多朝代都爆发了民众暴乱或农民起义，遭到朝廷镇压。那么农民起义的诱发因素是什么？答案往往是赋役，尤其是严重的徭役、兵役。为什么徭役、兵役会引起这么大的负面作用？我们看看这些例子。

首先就是我们很熟悉的陈胜、吴广起义，也称大泽乡起义。陈胜、吴广起义的原因史籍上面讲得很清楚。秦二世元年（前209）七月，大规模征发徭役，按规定陈胜、吴广要发配到渔阳服劳役、兵役。渔阳在今天的北京，当时征发的九百人已经到了大泽乡（在今安徽宿州），陈胜、吴广是其中被推选出的小头目。但是天降大雨，道路泥泞不堪，计算下来即使赶到那里也已经过了指定日期，根据秦朝法律误期是要被处死的。二人商议后决定，与其等死还不如造反。

从秦汉开始，几乎每一个人都要承担赋税与徭役。而户口调查最初的目的，就是征收赋税与徭役，因此需要将人口调查清楚。当时这样做的目的不是给我们今天的人讲故事或做研究，纯粹是当时的统治需要。西汉王朝对百姓的赋役有以下几种。第一种是田租，田租是根据土地的数量按户征收的，早期的户籍册上都会登记田亩数量。第二种是口赋，即人头税，人头税不分男女，七岁以上的全部人口每年都要缴。到汉武帝时更是将起征年龄提前到了三岁，很多百姓被迫在孩子刚出生时就将他们杀死。三岁之前只是喂养还好说，三岁之后要缴税就负担不起了，只能将孩子杀死。第三种是兵役，全部成年男子都需要服兵役，而其中相当一批人要到边疆去服役，且不包括路上的时间。当时从首都长安出发到敦煌，最快的军事运输需要四十天，普通百姓甚至需要一百天，如果算上往返时间，实际服兵役的时间就更长了。男性在二十到二十三岁，每年还要服一个月的更卒；二十三岁起要分别服材官、骑士和楼船徭役各一年，总共三年；再服一年卫士徭役的正卒；再加一年戍卒，路途时间不计。所以徭役的负担是非常沉重的。此外还要再加上有的统治者在制度以外的征收，诸般种种自然会激起民众的反抗。

历代的赋税、徭役，一般可以分为两大类。第一类就是赋，包括了租、税，它往往是以土地或者户为基础进行征收的。征收有时以实物为支付方式，有时以货币为支付方式，名目繁多，折算复杂，往往还有额外和附加部分。粮食、农产品、货币、丝、棉花或茶叶等土特产都可以成为支付手段。因为折算复杂，官府可操作的花样就更多了。比如官府让百姓缴银子，百姓就需要用实物先去兑换银子，过程极其麻烦。此外还有损耗，如果天气潮湿，粮食受潮后就会变重，所以规定中往往还要附加，比如原先缴一百斤,按规定还要增加十斤附加,这就是损耗。银子也是一样,官府会以所谓的成色不足,需要回炉重铸为理由,要求民众补缴损耗。而这种损耗与附加,有时甚至比正额还要高。需要上缴的东西也千奇百怪,有些地方规定缴茶叶,有些地方规定缴丝或其他实物。家中不种茶的农民,还需要先去买茶叶再缴税。所以这种赋,历来都很容易滋生腐败,更不必提层层加码,到了底层老百姓身上时,负担往往比规定的要重得多。

第二类是役,包括了劳役和兵役。实际的服役时间往往会超过规定,且路途时间需自己承担。如果交通不便或者遇到极端天气,很多地方想抵达都很难,执政者就会趁机延长服役期限或者罚款,甚至判刑。服役时往往还需要自备给养与路上开销。甚至有时服兵役还需要自备装备,比如弓箭与被服。而且,在服役期间的伤残死亡,一般是得不到补偿救助的,都需要自己承担。

宋朝以后,这种模式开始转变为以钱代役,这实际上减轻了民众的负担。后来百姓就不需要普遍服役了,兵役改成政府专门出资的职业军队,劳役改为政府出钱雇工。原先百姓需要负担的时间与精力折算成钱上缴,可以说这是一种进步。

到明清时期开始实行兵民分户,兵户在明清就是军户,而民户是不必服兵役的,普遍兵役在明朝时就取消了。明朝嘉靖年间,全国开始推行一条鞭法。一条鞭法的好处就在于把各项赋税都整理成"一条鞭"。田赋、徭役以及各种杂征统统合并为一。合并后的税收方式按亩征算,而不是按人口。比如说某家拥有十亩地,一亩地按每年一千个铜钱来征收,其他杂税也全部摊入这里。这样对国家来说保证了财政收入,对百姓来说取消了每项杂税在收取过程中的额外摊派，减轻了负担。因此在全国推广后受到了普遍欢迎。

清朝雍正年间开始实行摊丁入亩，又叫摊丁入地或地丁合一，变得更加方便和规范了。清朝原先主要的两项税收还是丁银与地税，丁银即人头税，其他税已经按照一条鞭法归到田地里来征收地税了。在实行摊丁入亩后，丁银也全部并入田赋，这是中国历史上的巨大进步，从此正式取消了人头税。百姓只需要根据土地多少来缴税，没有土地的农民和一般居民则不需要缴税，商人缴商税、营业税即可。这样做的原因除了规范征税之外，还在于当时的一个理论，"天下有逃丁，无逃地"。丁可以逃避、隐瞒，但地是隐瞒不了的，对于政府收税来讲会变得更加容易。按照之前收丁税的办法，这一家宣称人死了，那一家说人不在，想要查实很难，行政成本太高，而根据新税制只需要确定土地即可，除非有官员帮助隐瞒，否则地税是逃不了的。对于政府来说，行政成本大为简化。从清朝雍正以后，调查户口和赋税就已经完全脱钩了。

徭役制度对人口增长也是起反作用的。试想一下，服役的人需要长期离家，且以青壮年居多，在性功能活跃的时候却要长期夫妻分居，这肯定会影响生育率。理论上说，女子在十八岁结婚，假设在育龄中可以生七个孩子，但在此期间有多年要和丈夫两地分居，生育率自然要下降，更何况服役期间伤亡率很高。如果丈夫去世，妻子在各种因素的影响下又不能及时改嫁，生育率自然要进一步放缓甚至停滞。如果丈夫受伤，比如影响到性功能，同样会降低生育率。此外，很多徭役是繁重的劳役。在古代，百姓本来就普遍缺乏营养，在粮食也供应不足的情况下，徭役会进一步加剧这种情况，同样会影响生育率。还有一部分人为了逃避服役选择流亡，无论是自己逃难还是全家流亡，这种状态下造成的夫妻分居、奔波困顿、疾病饥饿都会影响到生育率。

除了"役"之外，"赋"对人口的抑制作用也很明显，无论是人头税还是货币税，对于农民来说都是很大的负担。如果农民家里只是纯粹地生育，新生儿无非是多一张吃饭的嘴巴，长大后还可以充当家里的劳动力，并不算沉重的负担。但如果新生人口超过三岁或七岁开始对其征税，就会造成大量的溺婴、将子女送人或卖掉的现象。当今很多人以为在古代生儿女是多多益善，但真实情况是中国很早就出现了溺婴、杀婴的现象，根本原因就在于沉重的赋税。

总而言之，中国古代的赋税、劳役制度，第一影响到了户籍登记的准确性，导致大多数情况下的统计数字是不准确的。第二影响到了中国历代人口的出生率与增长率，而且产生的基本是负面影响。我们在研究中国人口史的时候，必须先了解当时的赋税、劳役制度，才能够正确地估算、推导出当时的实际人口数，以及人口增长的幅度。

为什么"丁"数会出现小数点

有一次我的学生问我，为什么在明清时的人口数记载中看到了"半丁"，人怎么会分成半呢？我问周围的同学是否有知道答案的，有一位同学想了想，说这可能是小孩子，所以算半丁。我说如果小孩算半丁，那么我还可以告诉你，很多记载里的丁数还出现了小数点后面多达十五位这样的数字。那么这种情况，我们该怎么解释呢，真的存在这样的事吗？

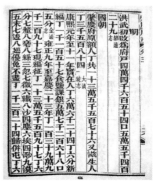

图1　明代广东肇庆府户口资料

这里请大家看一份明代广东肇庆府的户口资料（见图1），其中写到"现编征丁"，即现在编入的要征税的丁数为"一十三万五千五百九十七"，但后面却还有"六分七厘八毫八丝三忽七微六纤八沙四尘六埃四渺九漠五末七逡八巡"，小数点后竟多达十几位。作为一个成年男子的统计数据，怎么会分出这么多小数点后的数呢？而且在实际中我们既用不到，也不可操作，这样精确的数值在古代的技术条件下是根本不可能算出的，可以说，这完全就是一种形式上的统计。

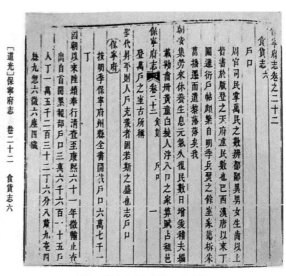

图2　道光年间《保宁府志》

而且这样的事还不止一例。《保宁府志》这一页中记录的户数为36 615，人丁数为15 232.689 496 64（见图2）。

这样的现象解释起来其实很简单，"丁"在这里已经不等同于一个成年男子，而是等同于一个份额，一个人丁的额度。而丁的额度在这里已经发生了异化，并非以人来计算，而是以物来计算，比如等同于多少粮食或布帛。既然以物来计算，为了表示精确，在计算时就会出现这样繁杂的数字，但其实这毫无意义，因为在实际操作中根本称不出来。

那么为什么会产生这种现象？上一章我们已经提到过，古代要征收徭役与赋税，这两者之间是有差别的。徭役之下主要分兵役和劳役，只针对法律规定的服役对象，其中不包括妇女。而服役者的年龄区间一般是二十岁至六十岁或是十八岁至五十五岁，在这个范围内的人，基本单位就是"人"或者"丁"和"口"。我们的老祖宗很聪明，一个人有一张嘴，因此说"几口"也就意味着几个人，组合起来就是"人口"，而"丁"是计算人的单位。再来说赋税，同样名称繁多，有的叫税，有的叫租，其他的叫法还有"费""钱""捐"等，实际都是各种形式的实物税或货币税。实物税的征收形式多种多样，比如规定多少谷子、丝绸、布帛、棉花，一些特殊情况甚至可用竹子充当，总之是实物的形式。而它征收的对象，一种是根据口来征收，即每人缴多少；另一种是根据户，一户可大可小，虽然复杂，但也可以视作一种统一的计算方式。实物税的单位可分为银两、铜钱、钞票，比如宋朝的交子和明朝的宝钞。如果是粮食的话就以石为标准，石之下还有斗、升、合。实际上在计算粮食时，就会看到我们刚才看到的那种小数。而棉花、布、丝也可以使用这样的单位。

大家可以看到，人与物这两者的区别本来是很清楚的，但如果混同在一起，就产生了"人""口""丁"根据实物被折算成相应货币的情况。当两者有区别时，不可能出现"人"的单位后加小数点的情况，但如果是合并起来就有这种可能。原因就在于，"丁"的本意是指十六岁或十八岁以上的男性，不包括女性。问题是在这些人中间还有一批人依照法律规定可以不承担劳役，尽管他们的年龄、性别条件都符合，但既然不承担劳役也就不计入"丁"的里面，比如一些老年人或残疾人。

除了这两者外，依法可以豁免的对象还有很多，比如僧道人员。还有依法优待的对象，最典型的就是官员和科举人员，一般来说举人以上就可以免役了，不光他们自己免役，他们的家族也可以一同豁免。大家中学的时候学过《范进中举》就会发现，范进中举后有人愿意给他送田地，有人愿意投靠他成为奴仆，原因就在于范进和他的家族从此获得了免役特权。不仅是家族内的亲戚，连家中的仆人与投靠者也都可以免役。投靠者虽然需要贡献一些钱财或气力，但换来的免役好处却是更实在的。历史上很多自己免役的官员都可以这样荫庇一群人，这也是为什么有些家庭在统计户口时人数众多的原因。

有人想问，能不能根据丁的数字推断出总人口呢？这也是做不到的，因为它们之间是不成比例的。"丁"并不是一个自然的人为分类，甚至在同一个朝代、同一个政区内，根据已经形成的惯例的不同，也会有很大的差别。明朝之后有位官员在书中表示，不明白为什么不同地区承担的赋税差别会那么大，他先列了两个省，又列出同一个省里的两个地方也是如此，之后又列出就连同一个府下邻近的两个县，承担赋役的比例差距也非常大。其中的原因很复杂，有些的确是因为有不同的豁免对象，有些则是根据习惯定下后就不改了，其中弊病甚多。所以我们不能根据丁的数量来确定总人口。不像我们今天，比如可以根据上海某年龄段的人数来推算城市总人口，因为人的年龄是真正的结构，而丁却是虚拟的。

了解了以上这些，我们也能够明白为什么丁数会出现小数点了。原因就在于以钱代役的实行，之前一个丁每年要服劳役，现在可以折算成货币代役，丁数就由此固定了下来，除了服役之外，每年要缴的税也可以固定为每个丁一年需要缴多少钱，可以折算成银子，也可以折算成布匹或其他实物。为了表示精确，有的地方就想出来这种在数字后加小数点的形式，生造出这样一个数字来，并且多年都不改变。之后的官员为了追求进一步的精确还会再多加几个小数，虽然这毫无意义，但在实际上就造成了这种情况。

这样我们也可以理解摊丁入亩的方法了。康熙皇帝在做出"盛世滋丁，永不加赋"的决策以后，丁额的数字就已经被固定了下来，成了一种总的人头税。到了雍正的时候，他才有条件把这些已经固定的丁额，根据相应的土地数字摊到土地税中，这样才有条件取消人头税。这并非皇帝大发慈悲。实际上在取消了人头税并摊到地税以后，税收才更加有保证，因为人员是流动的，个别户口也容易隐瞒，但是一旦摊到地里面，就应了那句话，"天下有逃丁，无逃地"。所谓跑得了和尚跑不了庙，即使土地上的人都逃亡了，土地也还是停在原地，除非这家人甘愿放弃土地，这样的话政府也可以予以没收，收入更加有保证。

理解了这个过程大家才能明白，为什么明明是人的单位，后来又变成了物的单位。早年留学西方的学者接触到了人口学概念，并将其引进国内，何炳棣教授做了研究之后，大家就明白了中国古代的户口指标并非真实的人口统计数字，我们称之为"fiscal unit"，相当于一个赋税单位。

而这些户口单位是在什么时候开始与赋税单位脱钩的呢？首先，源自康熙时期开始实行的永不加赋政策，因为在此之后地方官再调查户口，百姓就不需要担心多报户口会增税。但由于历史的惯性，一开始还是有很多隐瞒情况，真正的脱钩要等到乾隆时期开始的彻底的户口调查。

另外我们可以说，征集对象占总人口的比例越高，户口数越接近实际人口数。有人发现，明朝江西省妇女的人口数比较准确，因为江西按照规定要缴盐税，妇女也在缴税的范围内。既然妇女也要缴税，那么在户口调查时，也一样要仔细调查她们的数量。相反，再看明朝苏州府的户口资料就会发现男女比例很不平衡，妇女很少。其实是因为苏州经济发达，妇女不是缴税对象，所以政府往往在调查户口时相对忽略了女性。结果就是，征集赋税的百分比越高，调查的户口数字就越接近实际人口数。比如，汉武帝时人头税从三岁起征，那么在调查户口时，三岁的孩子也不能漏掉。而此前从七岁开始征税时，更小的孩子就不计入统计了。

到了清朝乾隆后期，户口调查开始完全根据实际人口来登记，再加上调查制度比较严密，所以我们可以说，从那时起户口数字基本上就等同于人口数字。但即使是这样的情况我们也要清楚，很多少数民族聚居地同样是不调查户口的，包括西藏、新疆、内外蒙古和其他一些少数民族地区。明白了这一点之后，我们再去研究中国古代究竟有多少人，究竟有什么人口资料，就会减少很多误解和原则性的错误。

历史篇

汉武帝时期何以户口减半

我们在看古代有关户口、人口的记录时，经常能看到一些难以置信的记载。比如说某个时期突然之间户口骤减一半，甚至十不存一，那么这种记录究竟是不是事实？又为什么会产生这种现象？我们这里就以汉武帝时期的数据作为例子进行分析——汉武帝时期天下究竟有没有户口减半？如果确有此事的话又是什么原因？

关于汉武帝时期户口减半的历史记载是缺失的，这种说法的出处主要是《汉书·夏侯胜传》：

> 武帝……多杀士众，竭民财力，奢泰亡度，天下虚耗，百姓流离，物故者半。蝗虫大起，赤地数千里，或人民相食，畜积至今未复。

汉宣帝时，朝廷讨论该如何颂扬汉武帝的功德，这时候有个叫夏侯胜的大臣就站出来反对，他说汉武帝的时候杀人太多，耗尽了老百姓的财力，奢侈无度，使得天下很多人都流亡逃难，蝗灾遍地，赤地千里，人相食，到现在经济都未得到恢复。他明确提出，汉武帝时，户口下降了一半。持这种说法的不仅是夏侯胜，得到汉朝官方认可的正史《汉书·昭帝纪》在最后的评价里也提及，"师旅之后，海内虚耗，户口减半"——明确提出在长期的战争后，汉朝的户口减少了一半。《汉书·五行志》中也记载了"师出三十余年，天下户口减半"。那么，户口减半是不是真的意味着人口也减半，这两件事倒还是有差别的。

关于应该怎么估算实际人口的问题前文已经讲过，现在留下来给我们看到的都是一些户口数字，我们怎么来估计实际人口呢？根据学界多年的研究，第一个比较可靠的方法就是找到几个比较可靠的记载人口的时间点，根据这些时间点上的人口数字来估算当时的总人口。比如说西汉元始二年（2）的人口数字就比较可靠。又比如道光三十年（1850）的人口数字，经过乾隆年间户籍制度的加强，以及徭役与赋税之间的脱钩，而且处在太平天国战争爆发前，社会整体比较安定，这个数字应当比较精确。此外，1953年第一次全国人口普查时的数据，尽管还有些疏漏，但基本上已经是准确的人口数字了。根据这些时间点推算的中间的人口数字还是较为可信的，而这样的时间点自然是越密集越好。

第二个办法，我们可以做前后比较。北宋灭亡后，北方国境被金国占领，但土地本身是不会变的，比如华北地区。那么我们就可以将某地在北宋时期的户口数字和金朝时期的户口数字做比较，从而辨别真假。假设某地在宋朝时每户人口为二，金朝时这个数值变成五，那么哪个是正确的呢？当然是后者。所以，可以通过比较法辨别真假，即使估算不出实际数字也可以排除虚假数字。

第三个办法就是同时代的比较。以南宋为例，南宋时期宋金以淮河为界，中国的人口结构并未发生重大变化，为什么南宋的户数大幅降低，而原北宋地区在金朝统治下户数保持着正常，这些都可以根据同时代的对比得出结论。又比如，明朝时期官方统计的户口数据很奇怪，从洪武年间到万历年间几乎没有变化，但一个王朝在和平发展时期人口怎么可能不增长呢？想要得到真实的数据，我们就用明朝的南方人口和北方人口数据做比较，结果发现从数据来看北方增长很多，而南方的条件显然更优于北方，南方实际的人口增长势必要更快，数量也更大。根据比较分析就可以肯定，南方必然存在大量隐匿人口的现象。这种比较法也是一种推算出实际人口的方法。此外我们要参照各种其他因素，比如耕地面积、粮食产量、繁荣程度，以及自然灾害、战争损失、刑法制度等，将这些因素综合起来，再加上比较可靠的几个时间点的推算，就可以大致得出一个相对准确的数字来。

回到正题，我们可以用这些方法来推算一下，汉武帝时期是不是真的户口减半，如果是的话，其原因何在。先要确定的是汉武帝时期影响人口的因素，从自然灾害来看，黄河泛滥改道、大旱、蝗灾、大雨、大雪、严寒，这些都可能造成人口减少。纵览汉武帝在位的五十余年，可以发现多数时间都有灾害发生，其中还有一些重大灾害，这就是第一个因素——环境因素的影响。

第二个因素就是战争。汉武帝连年发动战争，有些战争是必要的，比如说反击匈奴，但有些战争是毫无意义的，比如他垂涎中亚大宛国的天马。汉武帝要求对方进贡，在被拒绝后就派兵十余万进攻大宛国，第一次失败后又发动了第二次战争。我们可以设想一下，要从今天的陕西调兵前往哈萨克斯坦去打仗，损失该有多大。而且战争不仅有直接损失，还有间接损失。青壮年全部去参战的结果就是土地无人耕种，粮食减产直接导致饥荒，而发动战争需要征集巨量粮草，当时的运粮又损耗巨大。秦始皇在河套地区修建长城，所消耗的粮食需要从山东调运，到达后的粮食仅为出发时的六十分之一，另外五十九的部分都被运输人员在途中消耗殆尽了。还有战争用马，平时作为农业劳力的马也被征调，数量不够的话连牛都要征用，牲口减少的结果同样会导致农业减产。所以战争造成的直接以及间接的消耗非常大，每发动一次战争，人口都要经受一次重大损失。

第三个因素就是法律。汉武帝时期推行严刑峻法，我们甚至不需要看法外施行的事例，只需要看常规的法律条文和判决就能发现可怖之处：

> 律令凡三百五十九章，大辟四百九条，千八百八十二事，死罪决胜事比万三千四百七十二事。

主要的法律条文共三百五十九章，载有四百零九条可以判死刑的罪名，共记载了一千八百八十二个实际案例，可以判死罪的具体事例列举了一万三千四百七十二件，每年都有大量死刑判决。而不经审判的法外执行就更多了，一些大案要案，每次记录的牵连数字可达到十几万，甚至几十万人。还有汉武帝后期所谓的"盗贼"，实际就是老百姓穷到活不下去的产物，一种是农民起义，另一种是强盗流氓，这些盗贼在形成后本身就是一种脱离户籍的人群，而为了镇压他们同样要造成人口损失。此外，汉武帝还实行了一种奇怪的法律——沈命法。按规定一个地方出了盗贼，如果不及时镇压，地方官员就要被处死，结果就是官员在发现盗贼后都不敢上报，"盗贼"当然还都保留在户籍上。而盗贼的死亡率很高，因此脱离户籍的实际人口越来越多，最终造成了人口的大量减少。

造成人口减少的第四个因素，是提前征收人头税。此前规定从七岁开始收人头税，汉武帝则规定从三岁就开始征收，史书记载当时社会"生子辄杀"，目的就是不缴人头税。

综合下来，汉武帝时期的确出现了大量的人口损失，但不至于损失一半。如果说人口没有损失一半，那为什么汉朝官方明确记录的户口数字却出现了减半的现象呢？

究其原因，第一个是汉武帝好大喜功，热衷于粉饰太平，因此各地经常虚报户口，虚报程度极为惊人。各地争先恐后上报本地生产发展，人口增加，最后统计出的户口数字也就极度虚高。

第二个原因，实际上是脱离户籍的流民很多。据史料记载，"关东流民二百万口，无名数者四十万……流民愈多，计文不改"。原记录中脱离户籍的人口有两百万，还有未登记的人口四十万，加在一起共两百四十万流民。流民虽然越来越多，但是地方官员上报材料时害怕影响自己的政绩，所以仍正常上报。因此，统计户口时很多人口实际上已经不存在了，但报给朝廷的户口数字还是不断地增加。

第三个原因就是前面提到的沈命法——"群盗起不发觉，发觉而弗捕满品者，二千石以下至小吏主者皆死"。如果某个地方盗贼兴起时，地方官没有及时发现，或者发现了但没有按照上报数字将其全部抓捕归案，凡是这两种情况，除了俸禄两千石的郡守以外，其下所有负责具体事务的小官一律处死。无论是未及时发觉还是发觉后捕获人数不达标，最终都是死罪，在这样严酷的法律下，自郡守开始，地方官员纷纷选择隐瞒。因此在最终统计的户口数中，存在着大量已经成为盗贼和流民的人口，还有一部分是根本不存在的虚报人口，而总户口数却越来越高。

根据我的估算，汉武帝前期总人口大概是3600万，在他执政的40多年后，实际人口应减少了400万，最终的实际人口数应为3200万，不至于人口减半的程度。但最终根据包含了虚报人口的官方户口数字计算，账面的人口总数却达到了4000万。

汉武帝死后，其子昭帝即位，主要靠大将军霍光辅政，开始实行轻徭薄赋、与民休息的政策。具体的执行方法就是重新核对户口以降低赋税。新核对户口时，还有大量流民没来得及重新入籍，户口总数已不满3000万。汉宣帝时期已经征集大量流民入籍，而据估计没有户籍的人口仍要占总人口的五分之一到四分之一。那么在流民更为严重的汉昭帝时期，存在于户籍上的人口大概只有2000万。从曾经的所谓"4000万"到重新核对下来仅有2000多万，"户口减半"的说法因此而来。中国历史上的人口有很多次类似这样大起大落的情况，值得大家注意的是，这主要是户口数的变化，并不意味着实际人口也出现如此大的降幅或增幅，即使真有这种情况也是少数。

三国时期的人口真的锐减90%吗

上一章在讲到汉武帝的时候，我们厘清了"户口减半"背后的实际情况，而在中国历史上还有比这更为严重的现象，那就是从户籍记录上看，三国时期人口锐减90%，这背后的实际情况也十分复杂。

首先，关于三国时期人口比东汉减少了90%的说法并非空穴来风。根据当时留下来的户籍记录，如王隐在《蜀记》里的记载，蜀炎兴元年（263），蜀国户28万，男女口94万，带甲将士10.2万，吏4万，合计108.2万。偌大一个蜀国，人口竟只有100万多一点。另一本书《晋阳秋》中记载，吴天纪四年（280），也就是孙吴灭亡的那年，吴国有户52.3万，吏3.2万，兵23万，男女口230万，合计起来共256.2万人口。吴国面积不小，这样的人数也的确太少了。再看北方的皇甫谧《帝王世纪》中记录的三国人口数字——虽然前文说过《帝王世纪》在记录上古人口时很不可靠，但皇甫谧作为西晋人，距离三国时期很近，在这方面的数字还是有参考价值的。里面说到，魏景元四年（263）魏、蜀民户94.3423万，口537.2891万。唐朝杜佑在《通典》中也对三国时的全国人口进行了统计，天下通计户147.3423万，口767.2881万。对比之下，东汉时期户口有5000多万，到三国时却只剩下700多万。

还有一些说法更为夸张，《三国志·魏书·杜畿传》中记载，"今大魏奄有十州之地……计其户口不如往昔一州之民"。天下一共十几个州，魏国就占了十州，但现在其全部人口还不如曾经的一个大州人口，这还是同时代人的记载。《三国志·魏书·蒋济传》中同样提到"今虽有十二州，至于民数，不过汉时一大郡"。可见当时这种说法是流行的，而且更为夸张。《三国志·魏书·崔琰传》记载，"（曹操）昨案（冀州）户籍，可得三十万众"。说曹操在攻占冀州后清查户籍，可查得户口30万。而冀州在东汉永和五年（140）的时候，户口为600万。如果这样算的话，冀州人口仅为原先的二十分之一。《帝王世纪》中还有一个很夸张的说法，"人众之损，万有一存"，到了耸人听闻的地步。

由此可知，如果没有确切的户口数字，就连当时人自己的估计也是不太靠得住的。无论是帝王军阀还是名人学者，都不能够凭印象估计究竟有多少人，一定要进行具体的调查。可惜我们现在已经没有办法回到三国时代去做调查了，只能根据现有的资料来分析。

据我们目前分析，东汉末年到三国之间人口的确出现了锐减，一共有三点原因：

第一点就是持续大规模战乱带来的人口直接死亡。汉献帝被董卓挟持迁都关中，当时关中共有三个行政区，人口几十万户，但经过战乱，"二年间相啖食略尽"，已经达到了人相食以致人迹罕见的地步，"二三年间，关中无复人迹"。曹操攻打徐州陶谦时，"凡杀男女数十万人，鸡犬无余"；官渡之战"凡斩首七万余级"。以上这些还是直接死于战乱的人口。

第二点就是长期的战乱和连续的干旱、蝗灾，又间接导致了饥荒，大量人口营养不足乃至直接饿死。具体严重到什么程度呢？袁绍驻军河北时"军人仰食桑葚"，只能勉强起到充饥的作用。而他的堂弟袁术则在江淮一带驻军，"取给蒲蠃，民人相食"，军人还能在河里割些蒲草、捡些蚌蛤果腹，老百姓只能人吃人。

第三点是全国性的疫情。中国历史上重大疫情之一，就是发生在东汉末年的"建安大疫"。

疫情从何而来呢？东汉中平四年（187），南匈奴发生内乱，此时的南匈奴已经被汉朝接纳，从草原迁到了今陕西北部、内蒙古南部的地带。内乱中单于被杀，其子于扶罗率数千部众去洛阳控告。匈奴人原先居住在蒙古高原，而蒙古高原正是鼠疫的发源地，而当时的南匈奴部落就携带了这种病菌，来到中原的这几千人中实际上也有感染者。匈奴人来到洛阳后适逢汉灵帝去世，是何进与十常侍激烈内斗的节点，因此天下大乱，朝廷根本没有人管这件事。匈奴人见找不到人告状，就干脆四处寇掠，并滞留在今天山西西南一带，实际上就将传染病带到了中原，而且其流窜劫掠的范围很广。随后又出现大规模的人口迁移，一批人被迁到关东，洛阳附近几百万人又被迁往长安，病菌也随之被带到各地。建安二十二年（217）疫情大暴发，这次疫情严重到什么程度？虽然我们不能精确推测出来，但还是可以从一些记载中窥得一斑。曹植曾写道，"疠气流行，家家有僵尸之痛，室室有号泣之哀，或阖门而殪，或覆族而丧"。几乎每家都在死人，有些家庭甚至全族死去。建安七子之一的王粲在诗中写道："出门无所见，白骨蔽平原。"作为贵胄子弟的建安七子在瘟疫中死去了五人，其中就包括王粲。还有更为极端的例子，南阳的名医张仲景在《伤寒论》的序言中自述，他家原有两百口人，在这次疫情的十年里死去了三分之二。连医疗资源和家庭条件优越的家族都伤亡如此之大，其他人的命运可想而知。

除了客观上人口大量死亡之外，另一个因素就是户籍记录的户口数要比实际人数少很多。当时的百姓为了逃避赋税，大量投奔到世家豪族门下，而世家豪族则将这一部分人口隐匿不报，这样的话政府能直接掌控的户口就变少了。另外，由于连年战乱出现了大量的荒地，军队食粮不足，曹操就将军队组织起来，开始实行大规模屯田，参与屯田的人除了军士还包括俘虏和百姓。每一个屯田区都相当于一个县，甚至是一个郡的规模。随后其他割据诸侯也纷纷效仿，而这些屯田的兵民由割据诸侯直接管理，不纳入户籍，因此这一大批人也消失在了户口的统计中。

从前面的统计数据也可得知，军人和官吏也不归州郡管辖，尽管有这部分人的统计数字，但这个数字的隐瞒程度是很大的，因为这部分人是朝廷直管，地方管不到，如果少报也没办法核查，中间的误差必然很大。

此外还有少数民族的人口未被统计。东汉后期，今天陕西从渭北高原到内蒙古之间的地带连行政机构都不复存在了，居住在这片土地上的少数民族实行自治，不再向朝廷上报户口。在南方，蛮人也四处扩张，原先地方有官员，但在人口大量流失、基层失控的情况下，蛮人都从山中迁出，定居到地方，而这群人的户口同样未被统计。最典型如山越，遍布长江以南。今天的浙江南部、安徽江西交界处、福建的山区里存在大批越人，被称为山越。这些人原本就是不编入户口的，后来，孙权因为人力资源不足，就派军队进山抓捕越人，随后分配给各将领编入自己的军队或部属，同样没有列入户口，因而实际人口肯定要比户口上高得多。

这样估算下来，三国合计起来的总人口大概在3000万以上，与东汉相比，人口损失近一半。尽管这个损失依然很大，可以说是人口史上很大的一个灾难，但是绝对没有到死了九成，只剩一成的程度，这是很夸张的说法。而这个夸张的原因就在于前面我提到的这些因素，固然有实实在在的损失，但还有相当一部分人是没有进户籍的。如果大家以后看到历史上有这样的记载，一定要警觉，要想办法了解它的实际情况，不要认为记载的数据就完全反映了事实。

唐朝人口数始终未超过隋朝吗

　　一般在我们的印象中，唐朝在历史上是非常强盛的，谓之盛唐。唐朝的疆域最广阔时曾西达咸海之滨，包括今天阿姆河、锡尔河流域在内的广大中亚地区，都曾经是唐朝的领土。但有一个现象却和广大疆域形成了鲜明对比——根据记载，唐朝留下来的户口数字比隋朝还少，这究竟是不是事实呢？

　　据考证，史料中保存至今的唐朝全国户口数字共有44种，在这44种记录户口数字的史料中，有一类明显是出于大体估计而没有确切根据的。比如《通典》中记载"贞观户不满三百万"，这种说法就是典型的缺乏确切依据，如果有根据的话，就可以直接知道户口具体有多少了。

　　还有一类错得更为明显的是在传抄过程中发生的。比如《旧唐书》记载乾元三年（760），有户1 933 174，口16 990 386，但在4年后的广德二年（764），变成了户2 933 125，口16 920 386，口数只相差7万，户数却增加了将近100万，而且户数后面的位次数字也差不多，这就明显是在传抄过程中发生了错误。最大的可能是，广德二年开头的数字不是"29"，而是"19"。

第三类问题是虽然有户口数，但中间却存在着明显的缺漏。比如《通典》中一条关于安史之乱后人口数字的记录，"肃宗乾元三年，见到帐百六十九州"，意思就是，在乾元三年，上报户口的地方州共有169个。但根据安史之乱前开元二十八年（740）的记录，全国应该有328个州，可想而知各地漏报的情况。因此，尽管有44种遗留下来的人口记录，但是真正可信的并不多。其中的原因何在呢？答案就是唐朝的户口始终存在着隐漏。

唐朝的户口情况始终存在着隐漏，而且后期隐漏的比例更高。唐朝宰相杜佑在他主持编撰的《通典》中这样记录道：

> 我国家自武德初至天宝末凡百三十八年，可以比崇汉室，而人户才比于隋氏，盖有司不以经国驭远为意，法令不行，所在隐漏之甚也……圣唐之盛，迈于西汉，约计天下编户合逾元始之间，而名籍所少三百余万……若比量汉时，实合有加数，约计天下人户少犹可有千三四百万矣。

大概意思是说，我们唐朝从武德年间到天宝年间共138年，可以比肩汉朝，但户口数量却跟隋朝差不多。原因就在于有关部门不顾国家利益，不执行法令，各地隐瞒漏报的情况非常严重。我们唐朝极盛之时可以超越西汉，按道理说，户口数应该是可以超过西汉元始年间的5900万的，但根据数据却少了300余万。如果真的比照汉朝的实际情况，估计天下的人口至少还应该要加上1000多万，而这部分人口却被隐漏掉了。注意，这是杜佑以唐朝宰相身份所做的估计，作为中枢官员，他对于人口情况的了解肯定比较多。那么今天我们应该怎么来看待唐朝的人口增长情况呢？它到底该不该超过隋朝，该不该超过西汉？

唐朝初年大力实行奖励婚嫁、优待生育的政策。贞观元年（627），唐太宗刚刚登基就下诏：

> 其庶人之男女无家室者，并仰州县官人，以礼聘娶，皆任同类相求，不得抑取。男年二十、女年十五以上，及妻丧达制之后，孀居服纪已除，并须申以媒媾，命其好合……刺史、县令以下官人，若能使婚姻及时，鳏寡数少，量准户口增多，以进考第；如其劝导乖方，失于配偶，准户减少，以附殿失。

天下的庶民百姓，如果有男女未成家者，地方官员就要帮他们嫁娶，如果是门当户对的家庭就要听任他们自主婚配，不得加以限制。结婚年龄为男20岁，女15岁以上。丧夫或丧妻者在守满丧期后，官方必须帮他们重新介绍新人再婚。从州刺史到县官及以下的诸官员，如果能够使百姓及时结婚，减少鳏夫和寡妇的数量，就可以根据户口增加的情况予以考核晋升，而如果未能尽职劝导，没有让他们及时结婚，就以户口减少的情况予以考核降级。

到了开元二十三年（735），唐朝最为强盛之时，玄宗皇帝下诏降低了法定结婚年龄，改为男15岁，女13岁，这几乎是历史上最低的法定结婚年龄了。如果再低的话男女双方还没性成熟，也就失去意义了。从这件事也可以看出，哪怕开元、天宝年间的盛唐，统治者依然认为人口不足。

但除了正常的增长外，唐朝另外还有一个人口增加的因素，那就是从贞观年间开始，很多在隋朝末年漂泊在外的流民或者参与起义的百姓重新归附——很多百姓在隋唐之际的战乱中，或被突厥掳走，或主动避乱于外地，直到天下太平后才返回唐朝境内。所以贞观三年（629）有这样的记载，"中国人自塞外来归及突厥前后内附、开四夷为州县者，男女一百二十余万口"。这里的"男女一百二十余万口"中包括了几类人，第一类是原来的中原百姓，因为种种原因流浪到塞外。第二类是先后内附的突厥人，在唐朝与突厥爆发战争前主动内迁。第三类就是四夷部落，即原先边境的少数民族和部落，现在被归入了新置州县。到贞观四年（630），唐朝向突厥出钱赎回了之前被掳掠的汉民8万余口。之后李靖击败突厥，带领俘获的10余万口突厥人南迁，又有几十万突厥人主动投奔唐朝，唐朝对这部分突厥人予以了内迁安置，并为中上层人士安排了官职，一度使唐朝的朝堂之上充斥了大量的突厥人。最终我们估计到唐朝开元年间，内迁增长的人口至少有200万。值得注意的是，这是一个动态数字，唐朝初年内迁的人口已经定居并繁衍后代，虽然当初的内迁人数有限，但他们后裔的人数已经不止200万了。

安史之乱以前，唐朝一度经济繁荣，物价很低，史书上讲"海内富实，米斗之价钱十三，青、齐间斗才三钱，绢一匹钱二百"。粮食产量高，绢价、粮价都低，适合普通人生存，而生活成本的降低也更有利于促进人口增加。此外，唐朝前期社会安定，边疆大为扩张。唐朝先后击败了蒙古高原上的东突厥和中亚的西突厥，尽占其地，几乎所有的战争都发生于国门之外，其核心中原地区所受的影响很小，这些因素都有利于唐朝人口增加。

综合以上种种，当时的宰相确实有理由怀疑以唐朝当时的优越条件，人口怎么可能会这么少。现在一般的研究认为，唐朝人口的峰值出现在安史之乱以前，也就是唐玄宗开元和天宝年间。据估测，唐朝实际人口已经达到8000万到9000万，远远超过隋朝和西汉了，但账面户口却始终低于后两者，所以唐朝当时在册户口上面被隐瞒掉的人数大概占了总人数的三分之一。隋末唐初时期人口的确很少，在2200万到2300万之间，比隋朝人口峰值时期损失了一半以上。

由此可见，隋末唐初的战乱的确造成了很大的人口损失。除了政治崩溃和内战带来的消耗外，少数民族的侵扰也造成了人口的流失，比如突厥人攻掠了大片土地，并掳掠了大量人口，所以隋唐之际，人口的确是个谷底。而到了唐朝中后期人口情况再次发生变化，需要纠正的一个误区是，很多人以为安史之乱后人口持续减少，这是不对的。安史之乱后北方人口的确在减少，但南方的一些地区人口却呈现增多的势头，比如江西在安史之乱后新建了好几个政区。最终估测，安史之乱以后唐朝实际人口的峰值又恢复到了6000万左右，要多于统计的户口数。这也重新印证了我们之前提到的，在估计人口谷底数值的时候，绝不能仅仅看到纸面的户口数，要考虑到户口以外的隐匿人口。

以富裕闻名的宋朝究竟有多少人口

最近这几年兴起了一股"宋朝热"，出现了很多部以宋朝为主题的影视剧，大家能从中看到宋朝的经济繁荣、商业发达、文化素质高、百姓生活安逸富足。那么这样的宋朝，人口究竟达到了什么样的水平呢？

如果单看史书的记录怕是要让人失望了，因为史书中宋朝的户口数始终没有超过前代。关于宋朝实际有多少人的这个问题，我们要从两个方面来考量，如果仅从《清明上河图》《东京梦华录》这类材料来看，宋朝的确非常繁荣昌盛，但如果去看另一些户口数字的话，就会发现很奇怪的事情。

比如说崇宁元年（1102），这时已经是宋徽宗治下的北宋晚期。《清明上河图》和《东京梦华录》描绘下的开封府，在《宋史·地理志》中记载有16县，261 117户，442 940口。但平均下来，每户竟只有1.7口。如果记录属实的话，那堂堂大宋首都的居民居然连一夫一妻都做不到，这可能吗？但史书确实就是白纸黑字这么写的。同年，宋朝全国总人口记录为20 264 307户、45 324 154口，全国每户平均2.24口。如果真的如此，宋朝可能如书中记载的这么繁荣吗？开玩笑地说，宋朝的计划生育简直好得不得了了。而且，如果户均2.24口，相当于一对夫妻只拥有四分之一个孩子，宋朝人口就应该呈负增长了，但实际并未如此。以上情况都表明，宋朝的户口数就像前文所指出来的一样，其户籍并未登记全部人口。

同样是《宋史·地理志》中，提到宋朝有14个府、州、军，每户均超过4.03口，最高甚至达12.75口，但河南的卫州竟然只有1.01口。所以种种迹象提醒我们，宋朝的"口"并不是指实际的人数。在相对确切的史料，比如地方志《新安志》中的记录显示，新安城内每户5.35口，城外每户5.05口，这就是一个正常的数值。这也印证了宋朝并未将所有的统计指标都记入全部人口。

我们再来看一些其他的地方志，比如《建炎以来朝野杂记》中记载，绍熙四年（1193）鄂州（在今湖北武汉）户均4.73口，而根据《宋史·地理志》记录，同年鄂州户均只有2.41口。《文献通考》里，同年全国户均仅为2.26口。造成差异的原因何在呢？实际上无论是《地理志》还是《文献通考》，所记载的"口"都是指纳税人口，即承担赋役的人口。而《建炎以来朝野杂记》中记录这一条的初衷是要训练民兵，所以统计的是实际人口，因此造成了4.73和2.41两个有差异的数字。

另一种情况就是，一些地方在向朝廷上报要求赈济灾民的时候，报的户口一般是每户5口左右，包括大学者朱熹都这样做过。而这种情况下的数据也是比较接近真实人口情况的，因为少报人口，或者只报纳税户没有任何好处，只会让朝廷少拨赈济款。所以我们得出结论，宋朝的"口"只登记了赋税人口，但登记的户数是比较准确的。

但这并不意味着宋朝全部地方政府都不知道实际人口有多少。因为宋朝对实际人口数不做要求，只需要统计赋税人口，所以地方官就不上报实际人口，但实际上，他们统计了全部的人口数。相较而言，户数要准确得多。这个现象宋朝人自己注意到了，《建炎以来朝野杂记》中就记录了这样一段话：

> 自本朝元丰至绍兴户口，率以十户为二十一口。以一家止于两口，则无是理，盖诡名子户漏口者众也。

当时的人也意识到了，一家只有两口人是不可理喻的事情。但究其原因，作者却认为是巧立名目，增加户口，这样一来漏掉的口数就多了。但这只是片面的原因，更为主要的原因，还是统计口径的不同。

可以说，宋朝的实际人口是在不断增长的，而带来增长的驱动力何在呢？这个问题我们要从多个方面来分析。

第一个因素是宋朝时农业生产规模扩大，垦田数已经达到7亿亩，而且江南和东南地区农田水利发展得很好，耕作水平大为提高。宋太宗时期，南方水稻区还增加了麦豆类作物。宋朝还在江淮之间推广水稻，大中祥符五年（1012），福建地区从今天的越南引进了占城稻，占城稻成熟期比较短，在气候较热的地区一年可以种两季，粮食总产量因此显著提高。仅从粮食的产能角度来讲，宋朝是足以供养更多人口的。

第二个因素是南方的开发所带来的人口增长。南方得到进一步开发后，人口密度提高，人口总量也在持续增长。

第三个因素是很多人没有注意到的，那就是宋朝局部地区的人口压力已经很大了，具体表现在人地矛盾尖锐，原来土地产出的粮食已经供应不足。这种压力大到什么程度呢？两湖地区的岳州、鄂州、黄州，安徽的宣州、歙州，浙江的衢州、严州，还有福建，居然已经大面积出现了溺婴现象，甚至不分男婴女婴。其中福建因为山多地少，可开发的土地不足，无力承担新增人口，所以溺婴现象也最为严重。可见当时人口密度提高所带来的生存压力之大，如果一个地区人口稀少、土地充足根本不至于此。

而关于宋朝究竟有多少人口这个问题，我们还是需要根据户数来计算。

可以确定的数据是北宋末年宋朝已有2000多万户，如果按每户5口来计算的话，当时的总人口已经超过1亿。这是较为容易的一种计算方法。

另一种计算方法就是比较法，金朝完全占领北宋旧地后的泰和七年（1207），在统计原北宋旧地范围内的人口后，有870万户5200余万口。比较之下，1102年北宋只统计了630余万户1485万口，这也证明了宋朝原来只统计了赋税人口。而如果这630余万户也是以每户5口来计算的话，这一大片地区在北宋时期的总人口就已经超过3000万。

还有一项数字也很有趣，根据《续通考·户口》记载，元朝灭亡南宋以后，取得的户数有9 390 472户，但是口数却只有19 721 015口，平均每户2.1口。之后元朝"再新亡宋版籍"，重新调查南宋户口，最终得出南北合计户数13 196 206户，口数58 834 711口，户均人口变成了4.46人，说明南宋之前的调查也是不完整的。综合而言，我们可以有把握地说，北宋末年，具体来说是宋徽宗崇宁年间，北宋人口已经超过了1亿，这样的数值才能够跟宋朝的繁荣、百姓的富裕生活相称。

不能忽视的是，当时北宋的北边还有辽朝，那么辽朝到底有多少人口，这个问题也很棘手。第一点原因，辽朝留下来的户籍也是不完整的，登记制度非常不明确。最大的可能就是辽朝仅仅统计了州县中的汉族居民、契丹人、女真人、渤海人及其他一些少数民族，还有一部分被他们掳掠的汉族人口，以及军士和家奴则都不在统计之列。

第二点原因，辽朝的户籍统计质量也很差，原始资料可能早已散佚，所以到了元朝修《辽史》时，数据已经有了巨大的缺漏。现在只能估计辽朝人口在最高峰时超过400万。

但是与南宋同时存在的金朝，其户籍制度却是十分严密的。前文已经提到，在金朝猛安谋克制下，其人口从小到老都登记，可以说金朝留下的数字是比较精确的，但在收录《金史·地理志》时已有错漏。根据现在一般估计，金朝在泰和七年或八年（1208）时达到了人口数的顶峰，拥有8 413 164户，人口数达到53 532 151口。

综合叠加，南宋和金朝的人口合计达到了1.2亿，这是中国有史以来的一个人口高峰。虽然想得知确切的人数并不是简单地把数相加，但是经过以上这样的估计，至少可以认为这个数据比较接近历史真相。

蒙古大军南下究竟减少了多少人口

　　在上一章分析完宋朝的真实人口数后，紧接着我们就要讲到宋朝之后中国人口史上出现的一个低谷，而且这个低谷造成的损失非常大，其背景就是蒙古——元朝南下灭金、灭宋的过程。

　　首先我们要清楚的是，元朝统一中国的过程分为两个大的阶段，第一个是灭西夏灭金，统一北方的过程；第二个是向南灭宋的过程。而在灭西夏灭金的过程中，造成的人口损失才是最为惨重的。原因就在于当时蒙古人还未明确统一中国这样的战略目标，每次军事行动往往是先进行征服，留下一部分人留守，大部队撤回，即使是攻下的地盘也不将其认为是自己的土地，因此破坏性非常大。比如蒙古西征时并不会在征服一城一地后就分兵驻守，而是一路向前。在这样没有统一目标的心态下，蒙古军队也就没有长期治理的准备，甚至于烧杀抢掠本身就是目标。在蒙古军队攻占金朝首都汴京之前，他们的军规是这样的，"凡敌人拒命，矢石一发，则杀无赦"，蒙古军队兵临城下后，对方直接投降就不予惩罚，但如敢抵抗，一旦攻占后则将予以屠城的惩罚。而在蒙古军队进攻川陕时又规定，"凡城邑以兵得者，悉坑之"，凡是通过战争得来的城池，城内所有人将一律坑杀。成吉思汗在攻略完华北，撤回居庸关后，"取所掠山东、两河少壮男女数十万，皆杀之"，将所掳掠的山东、河南、河北的几十万少壮男女屠杀殆尽。所以在蒙古军队攻略北方的第一阶段，造成的人口损失可谓骇人听闻：河朔一带，"数千里间，人民杀戮几尽"。太行山以东，"骸骨蔽野"。关中地区，"居民百万，以至缁黄，糜灭殆尽"。在围攻汴京十六昼夜间，城内外死者以百万计。

今天的河北、山西一直到内蒙古南部的方圆数千里之间，百姓几乎被屠戮一空；太行山以东遍地白骨；关中原有居民百万，现在连和尚道士都被屠杀殆尽。而在最后围攻汴京的十六天战役中，城内外死亡的人多达百余万。我分析这是当时各地百姓纷纷逃难聚集到汴京所致。

当然我们也承认，这些写法有部分夸张的地方，但其杀人之多在历史上的确是罕见的。原因就在于当时的蒙古军队还没有做好对此地长期统治的准备，另外，蒙古军队并没有完善的后勤保障，因此面对攻城后所得的大批俘虏没有足够的粮食供应，但如果不随军带走，任其留在后方又不放心，屠杀就成了唯一的解决办法，除非对方主动投降才能够获得信任。这也是"凡敌人拒命，矢石一发，则杀无赦"这一规矩背后的考量。在这样极端的战争环境下，人性中恶的一面大为暴露，许多将领都嗜杀成性，木华黎攻占山西绛州时，"拔其城，屠之"；攻下金朝的北京

（今内蒙古宁城县）后"斩首八万级"；进攻广宁和懿州时，守将刘琰、田和尚均开城投降，但最终结果仍是"除工匠优伶外悉屠之"。

蒙古军队掠杀百姓还有一个目的，就是要将土地变为牧场。曾经有人向蒙古大汗建议"汉人无补于国，可悉空其人以为牧地"。除了被大规模屠杀掉的百姓外，还有一批汉人被蒙古贵族和归附于他们的汉人将帅、世侯占为奴隶、部众。这样的情况，再加上大范围的饥荒，最终导致出生率下降，死亡率增加。

蒙古军队南下除了带来直接战争伤亡外，还诱发了民族间的仇杀。金贞祐二年（1214），金宣宗迁都至汴京。因为此时的中京在蒙古军队的不断侵扰下已经待不下去了，因此河北成为政治真空地带，导致这里"盗贼蜂起"，汉人纷纷起义报复以往的括地之仇——当初金人为了侵占土地杀掠了许多汉人，现在汉人便趁机屠杀金人报仇。这样的民族仇杀也造成了大量人口死亡。

战争还带来了人口的被迫外迁，蒙古西征时征发了大量汉人工匠、奴隶、提供补给的人员，以及被蒙古贵族掠去的汉人，如河中府"豪民子弟四百余人屯田于塔剌思城（今哈萨克斯坦江布尔）"，而未被记录的人要远多于此。

蒙古军队南下期间造成的大规模瘟疫也是人口锐减的原因，这一次的瘟疫暴发在汴京城中，而它造成的后果比建安大疫还要严重。金正大八年（1231），蒙古军队攻入河南，难民蜂拥逃入汴京，鼠疫随大军南下而传染至汉地，人口大规模聚集的汴京成了瘟疫的潜伏地，气候适宜时便大规模暴发。金天兴元年（1232），蒙古军队围攻汴京，城中死者以百万计。解围后大疫，诸门出棺90余万，贫不能葬者尚不在内。瘟疫造成的实际死亡人数超过了100万。

相较于第一阶段北方的人口损失，第二阶段南方的人口损失就比较小，因为这个时期蒙古大汗忽必烈已经建立元朝，接受了中国的传统文化和制度，并且他也明确了统一的目标，将行将灭亡的南宋土地视作自己的领土，滥杀无辜已不可取。另外忽必烈明白，农业生产比牧业对国家更有利，因此他要求保护农商。元中统二年（1261），忽必烈设劝农司以奖励农业，元至元七年（1270），设司农司，同样是为了保护并发展农业。元至元十二年（1275），忽必烈说："夫争国家者，取其土地人民而已，虽得其地而无民，其谁与居？"他已经清醒地认识到征服与建国的目的就是争取土地与人民，如果连人都没有了，空有土地又有什么用呢？可以说在灭亡南宋的过程中，元朝军队一方面已经有了保护农耕的制度约束，一般情况下不可能屠城。另一方面，南宋的主动投降也降低了人口损失，大多数地方都没有强烈的抵抗，战争规模有限。坚持抵抗的文天祥固然可敬，但毕竟不通兵事，抵抗规模小，对整体战局的影响有限。为数不多的几场大战导致的人口死亡也无法和北方的情况相比。最后南宋残余势力退到海上，结果遭遇了台风，有记载说浮尸十万具。据估计，最后的崖山海战造成了几十万人的死亡，但这是其中规模最大，也是最后一次战役了。

在元灭宋过程中，遭受了较大损失的主要是四川和襄阳地区。这两地的抵抗战争持续了几十年，四川在平原被占领、成都陷落的情况下还坚持退入山中作战。典型如钓鱼城，在南宋朝廷投降后依然坚守抵抗，直到元朝出示宋廷的投降诏书后才出城受降。所以四川的人口损失最大，据估计至少达六七百万人，但相对而言，整个南宋的损失就比较小。

可以说蒙古军队南下造成的人口损失主要在北方，蒙古灭西夏灭金时造成了相当程度的人口死亡。根据《元史·地理志》和《经世大典序录·版籍》中的记载推算，元太宗七年（1235），金朝与西夏旧地仅剩人口650万，而金朝在鼎盛时期的人口已经超过了5000万，考虑到当时户口隐漏较多，其间外迁人口量大，仅南迁人口即超过100万，我们最终估计，金朝和西夏灭亡时人口为1050万。这样的损失的确很大，因为蒙古军队进攻金朝之前的1208年，金朝、西夏的人口合计为5500万到6000万之间，26年后却仅剩下1000余万，即原来的18%～19%，损失超过了80%，这在中国人口史上是极为罕见的。再加上灭宋战争以及瘟疫饥荒等损失，一度达到峰值1.2亿的中国人口，最终的损失已超过6000万。

那么元朝有多少人口呢？在讨论这个问题前我们首先要纠正一个误区，现在有些人把成吉思汗后人统治的国家依然称作大蒙古国，实际上成吉思汗晚年已经进行了分封，到后来大蒙古国已不再继续存在。到元朝建立的时候，其他蒙古领土已经分成了四大汗国，应将其与元朝区别开来。现在有人说元朝统治疆域到了东欧，我认为这种说法是不对的。虽然成吉思汗的孙子拔都的确占领了大片东欧土地，建立了金帐汗国，但这并不是元朝的直接领土。元朝的范围还是以中国为基础，因此元朝虽然疆域辽阔，但由于蒙古等族与边疆地区不列入户籍登记，户口统计的地域范围与前后朝代变化不大。

这样推算下来，元朝的人口高峰应该出现在社会相对安定、灾害较轻的至正前期，即至正元年（1341）前后。在元朝实施户籍登记的行省范围内，以至元三十年（1293）的实际人口约7000万为起点推算，到至正初年已有约8500多万人。此外西藏已纳入元朝统治，但是并未进行户籍登记，据估算当时西藏人口大约为60万。以上就是对元朝人口最高数值的估计。

明朝灭亡是因为宗室超生吗

在简要分析完元朝的人口数据后，我们接下来就探讨一下紧随其后的明朝的问题：明朝究竟有多少人口？在此之前，我们先来分析一个有意思的现象，那就是明太祖朱元璋子孙的增长率是惊人的。到明朝末年，朱元璋留下的后代已达20万之众，而这些后代都是由财政供养的。因此近年来出现了一种说法，认为明朝灭亡的原因就是明朝财政被过多的宗室人员拖垮了。

为什么会产生宗室超生这么奇特的现象？不可否认，一方面朱元璋害怕他的儿子们威胁到自己的政权，所以在政治、军事上多有控制。但另一方面，大概是朱元璋小时候受苦太多，便希望他的子孙都能够安居乐业，保障优渥的生活。所以明朝规定了这样的宗室制度：皇帝的儿子中除太子外，其他人封亲王；亲王的儿子中一人继承亲王爵位，其他人封郡王；郡王的儿子中一人继承郡王爵位，其他人封镇国将军，之后再依次封辅国将军、奉国将军、镇国中尉、辅国中尉、奉国中尉，奉国中尉之后不再改变，后代均可永久世袭。宗室女子中，皇帝的长女封长公主，其他均称公主，公主的丈夫封为驸马都尉；亲王的女儿封郡主，郡主的丈夫封仪宾；郡王之女封为县主，县主的丈夫同样封仪宾，之后的女子依次封为郡君、县君、乡君，其丈夫均封仪宾，乡君之后不再改变。各爵位待遇不同，亲王俸禄为每年米一万石，郡王两千石，镇国将军一千石，直至最低的奉国都尉二百石；公主及驸马两千石，郡主及仪宾八百石，最低的乡君及仪宾为二百石。所以朱家后代无论男女，每年最低为二百石米，这还是计入正式制度的俸禄，没有算额外的赏赐。

但与优厚待遇相应的，是明朝规定宗室人员不能考科举，不能做官，不能当兵，不能做其他产业，只能接受财政供养。所以宗室里的多数人最后只顾吃喝玩乐，荒淫无度，少数有天赋的就从事艺术创造。比如宁王朱权就是个音乐家；另一位藩王朱载堉更是研究出了十二平均律，达到了世界水平；还有著名的画家八大山人朱耷，也是明亡后残存的宗室子弟。而更多的宗室成员则只顾享受，甚至开展生育竞赛，比谁生子更多，反正有财政保障，那自然生得越多越好。明朝也因此创下了一个纪录：明朝初年，朱元璋及其去世的兄弟共有子侄辈的后代五十八人，而到了明末，朱明宗室人员已经超过了二十万。在这些人中有一个郡王庆成王，他创造了"百子俱袭爵"的生育纪录，仅继承爵位的儿子就多达百人。照此估算，加上女儿、未封爵的子嗣和夭折的孩子，他至少生了三百个孩子。

由此可见明朝财政负担之重。那么具体重到什么程度呢？嘉靖四十一年（1562），全国供应到北京的粮食是四百万石，而需要供应到各王府的粮食竟高达八百五十三万石，比供应到北京的粮食还多出一倍。以山西为例，存留一百五十二万石，但需要供奉本地宗室的粮食却要二百一十二万石，因为藩王不止一个。同样不止一个藩王的河南更加麻烦，河南自己的存留只有八十四万石，却要供应宗室一百九十二万石。即使这两省的百姓将税赋全部缴清，也不够供养宗室的一半。那该怎么办呢？有的地方开始超过标准征收粮食，有的直接上报朝廷，直言本地财政负担不起宗室人员。这种情况在历史上也是极为罕见的。当然，前代宗室也会因为条件优渥而出生率高，以汉朝为例，开国时宗室人员并不多，但到西汉末年宗室人员也超过了十万人，只不过汉朝宗室并没有多少优厚的待遇。到了东汉末年，作为中山靖王之后的刘备非但做不了官，甚至要靠织草鞋谋生，因此并不会造成太大的财政负担，而反观明朝，财政因供养宗室已不堪重负。

以上的情况还只是制度规范之内的，在制度以外，宗室及其手下人员巧取豪夺的情况更加泛滥。明朝时，藩王在外面开当铺、经商、霸占土地甚至勾结土匪抢劫的事例不胜枚举。所以在分析导致明朝灭亡的因素里，有理由将宗室特权及宗室超常规的人口增长所带来的后果视为原因之一，但不能将其视为决定性原因。因为我们对明朝的人口数值历来过于低估，也是相信了明朝的户口数字所致。

通过分析就能看到，明朝的户口数字是绝对不可信的，我们来看表3：

表3　明代全国户口统计

年份	户数	口数	户均口数
洪武二十六年 （1393）	10 652 870	60 545 812	5.68
弘治四年 （1491）	9 113 446	53 281 158	5.85
万历六年 （1578）	10 621 436	60 692 856	5.71

　　根据表格显示，洪武二十六年（1393）全国有10 652 870户。但是到了弘治年间反而还减少了，万历年间也与之持平。建国两百年后，全国的户数始终保持在1062万左右，甚至还少了几万户，不仅户数这样，口数也是如此。两百年里没有发生大规模战争和重大灾害，人口怎么可能几乎没有增加呢？这是不可理喻的事，如果再看地方户口（见表4），就更加奇怪了。

表4　明代上海县户口统计

年份	户数	口数	男	女	户均口数	性别比
洪武二十六年 （1393）	114 236	532 803	278 874	253 929	4.66	109.80
永乐十年 （1412）	100 924	378 465	199 781	178 684	3.75	111.80
正德十五年 （1520）	93 023	260 821	179 524	81 297	2.80	220.80
隆庆六年 （1572）	113 985	192 967	158 532	34 435	1.69	460.40

根据统计，上海县在洪武二十六年有114 236户，户均人口为4.66，基本正常。但随着时间推移，人口不但没有增加反而逐渐减少了，到了永乐年间人口从53万跌到了不足38万，户均人口从4.66降到了3.75。到了正德年间，人口数竟降到了26万，仅为洪武年间的一半，户均人口也降到了2.8。到了隆庆年间更夸张了，人口从53万跌到了不到20万，户均人口降到了1.69，但性别比却惊人地增加到了460.4。

　　性别比的概念通俗来讲是这样的，假设某地新生女孩为100，男孩为106，那么性别比就是106，从世界范围内来看，这也是一个相对正常的数值。从表4来看，明朝初年上海县性别比为109.8，是较为正常的，但是到了隆庆年间性别比居然到了460.4，也就是说每生下100个女孩子，相应地就生下了460个男孩子。出现这种荒唐数据的原因就在于，明朝初年朱元璋行政举措严厉，所调查的人口比较符合事实，但之后的时代里大家都还记得朱元璋推行黄册时的要求——"务求不亏原额"，财政指标不比上一年少就可以了。打个比方，假设某地方官发现治下平均每家承担赋役的人数为3口，那么到下次调查户口时，这个数字不低于3就可以了。但到后来连这个数字都守不住了，又该怎么维持呢？很简单，总额度无法提高，就提高额度中某一单位的指标。比如说原来财政指标中某一定额要收1500铜钱，你现在老是不提高，我干脆把一个指标收2000铜钱不就解决了？所以到了明朝后期，琐碎的征税名目层出不穷，以在东北和后金作战为名义新增了辽饷，又以练兵为名义新增了练饷，通过各种巧立名目来解决眼前的困难。这时的户口数字已完全脱离实际，是完全不可信的。

而明朝到底有多少人呢？已知在洪武二十六年（1393）时，全国总人口已经超过了6000万。根据这个数字我们可以推算出，元明之际的人口大概为6000万——元明之际虽然也爆发了大大小小的战争，但总的损失要比之前几次人口锐减小得多，因为无论是朱元璋，还是陈友谅、张士诚这些军阀，都有明确的建立政权的政治目标，当然需要保护人口，即使攻占了敌方的城池一般也不会肆意屠杀。元末明初这次天下大乱的人口损失为1000万左右。根据上述的人口数字，再基于它的增长情况和各方面推算，到万历二十八年（1600），即17世纪初这个时候，我估计全国人口已经达到1.97亿，也有学者分析已经超过2亿，还有人说不到，但总体来说现在这个结论已经被学术界大多数人接受。可惜的是一般大众对此还不太清楚，许多人仍以为明朝时由于封建制度越来越腐败，所以总人口是下降的，但这与史实是相悖的。实际上明朝随着中期以来的经济发展、商业兴盛，人口快速增长，尤其是在南方。到17世纪初，明朝实际人口已经达到2亿，甚至突破了2亿。

清朝的人口增长算得上"人口爆炸"吗

关于最后一个王朝清朝，它的人口发展问题一直是大多数人感兴趣的话题。现在研究清史或者中国人口史的学者，都认为清朝曾经出现过"人口爆炸"。所谓爆炸，就是在短时间内爆发性地增长。那么到底清朝有没有出现过这种情况？想弄清楚这个问题，就不得不先了解清朝初年的户籍制度，现在我们发现很多研究结果，与当初的调查目标、调查手段是息息相关的。

不只是我们今天的很多学者认为清朝时期人口暴涨，连乾隆皇帝自己都对他治下臣民的突然增加感到不可思议。《清史稿·食货志》记载："高宗谕内阁曰：'朕查上年各省奏报民数，较之康熙年间，计增十余倍。'"他同内阁大臣说查阅去年各省上报的人口数，发现比其祖父康熙年间增加了10余倍。国家人口能在如此短的时间内增加10余倍，这当然可以视作一种人口爆炸。而根据《清高宗实录》，乾隆五十七年（1792）的人口数比康熙四十九年（1710）的人口数"计增十五倍有奇"，82年间人口激增超过15倍。乾隆也并没有算错，康熙四十九年统计的人口数是23 312 236，也就是2000多万，而到乾隆五十七年的人口数是307 467 279，已经3亿出头。二者相除为13.19，所以乾隆说15倍或10倍基本没什么问题。真正的问题在于，这些数字究竟是不是真实的人口数。

到了道光三十年（1850），也就是太平天国运动前夕，中国的总人口已经达到了4.3亿，这是历史上新的高峰，而这个高峰因为太平天国运动的影响，很久都没有得到突破。如果我们以明朝末年的7000万人口为起点的话，这完全可以称得上是一次人口爆炸。但上一章已经说过了，7000万这个数字是不对的。如果按我们现在估算的明朝人口高峰是2亿来算的话，这也就称不上人口爆炸了，而是很正常的人口增长。如果以顺治十二年（1655）估计的1.19亿人口为基准，那么到道光三十年的4.3亿，年平均增长率为6.6‰，甚至都算不上高增长。到宣统三年（1911），人口又跌到了4亿。如果再以这个来计算，从顺治十二年到宣统三年，年平均增长率仅为4.7‰，远远低于西汉，也不见得比历代高。可见，清朝只是在一段时间里面保持着持续增长，谈不上人口爆炸。

首先我们要承认，清朝人口达到4.3亿确实是一项很了不起的成就，这也是多种合力共同作用下的结果。第一点原因就是清朝疆域辽阔，而且实施户口登记的范围超过了以往任何朝代。之前写过，唐朝虽然占领了很多地方，但是没有建立府、州、县，更未登记户口，但清朝开始实行改土归流，对今天的云南、贵州、湖北、湖南、甘肃等许多长期没有建立行政区的地域都进行了直接统治。比如湖北的恩施在明朝时还是土司衙门，不向朝廷上报户口，而到了清朝就将此地纳入了户口登记范围，变相导致了人口增加。云南、贵州在元明时期更是一大半地区都由土司管辖，到清朝时则设立了行政区，所以说清朝的人口登记范围是空前的，超过了历史上的任何朝代。

第二点原因是政策带来的。康熙年间的"永不加赋"政策，又加上之后雍正的"摊丁入亩"政策，百姓不再需要为了逃避赋税去当流民，也不再需要隐匿户口。这些手段都有利于出生率的提高，百姓可以安居乐业，不用流离失所，人口自然随之提高。

第三点原因是改土归流带来的移民运动。改土归流的意义不仅是设立新的州县，更在于大批汉族人口迁往了西南及其他边疆地区，从此这些地区变为了农业区。原来还停留在狩猎、采集或半农半牧的地区，在得到大量移民注入后农业生产力大为提高，能够承载的人口也变多了，总人口也得到了更快的增长。

第四点原因是新农作物的引进得以供养更多人口。从明朝后期到清朝前期，源自美洲的新农作物被引进，并且在西南山区得到了广泛的推广，玉米、土豆、甘薯、花生、辣椒纷纷落户。原先，由于西南多山多丘陵，缺水严重，且地形崎岖、山坡陡峻，难以种植传统的水稻和麦子，但这些新作物适应能力强，非常适合在西南栽种。放到今天也能看到，一些高寒山区即使什么都没有，土豆却还可以种植，此外，玉米也可以种植在陡坡丘陵，甘薯耐干旱，花生甚至能在沙地栽培。这样一来就提供了大量新的粮食，也可以供养更多人口。辣椒虽然不是粮食，但大大改善了中国农民的生活。在没有专门食品供应的时代，农民能吃的食物极为匮乏，有了辣椒以后，配合上盐更为下饭，而且在南方很多潮湿的地方，食用辣椒对养生也比较有利。这也是为什么今天湖南、贵州、四川的人喜欢吃辣。乾隆年间，花生还是富人酒席上的食物，后来也进入寻常百姓家了。现在著名的山东大花生，就是晚清时一个美国传教士发现山东的自然情况和他的家乡相仿，于是引进了新品种，培育成为今天的山东大花生。这些新作物的引进使土地得到了更多的利用，能供养的人口也逐渐增长。

根据史料，我们估计明清之际的人口谷底出现在顺治十二年（1655），人口为1.19亿，对比万历十八年（1600）的确减少了8000万人，这是个很大的损失。其原因我们大概也知道，明朝末年东北战事不断，明军和清军进行了一次又一次的交锋。清兵在入关前期也的确进行了残酷的烧杀抢掠和圈地等行为。另外，清朝颁布的针对汉族的剃发易服政策，引起了汉族人民的激烈反抗，江南地区很多原先已经归顺清朝的地区又重新起义反抗，清朝军队因此大肆屠城。扬州和上海嘉定等城镇几乎被杀戮一空，造成了极大的人口损失。这一时期的气候环境也极为恶劣，发生了连年的干旱，大批百姓流离失所，也造成了大量人口死亡，明朝末年的很多起义就是以旱灾为诱因。

满人刚刚入关时还未形成长期统治的观念，而且也还没有完全接受汉人的传统文化。之后清朝统治者逐渐清醒，靠其自身100万左右的满族人口没法统治超过1亿人的汉族。从康熙时期之后，满人开始全面接受汉人传统文化，称自己与炎黄子孙同宗同源，同样是传统文化的继承者，现在只不过是从北方再度回归中原，从此民族矛盾渐渐得到了缓和。但在满人入关初期，剃发易服的举措确实遭到了强烈的反抗，所以到了顺治十二年人口跌到了谷底。之后又有三藩之乱，清朝为了平定叛乱，战争又持续了很多年。

而道光年间4.3亿人口的纪录，为什么一直到清朝结束都没有被打破？原因就是太平天国运动造成了大量的人口死亡。统计下来，从太平天国运动，到后来的捻军起义，以及当时人称的"陕甘回乱"，全部加在一起的话，到同治四年（1865）又进入新的人口谷底，其间的人口损失高达1.12亿。

仔细分析，首先，当时这些运动的程度极为激烈，而且经常反复，敌对双方都有过激烈的屠杀行为，清朝的屠杀行为自不必再提，连太平军也因为缺乏先进思想的指导，存在着很多愚昧过激的行为，其内部的政治斗争如天京事变，也带来大规模的屠杀。而反复的拉锯，比如杭州在清军和太平军之间反复易手，南京也是遭遇围困长达数年，这些都加剧了人口的损失。

其次，太平天国运动所波及的地区，恰恰是中国人口最稠密、经济最发达的长江流域，其中以江南战区最为激烈。如以富裕闻名的浙江湖州南浔镇，20世纪50年代还可以看到很多被烧成白地的房子遗迹，当地叫火烧白场。老人说有两次破坏最大，一次是太平天国时期，还有一次是日本侵华。我们过去对于太平天国的评价多少有些溢美，实际上它带来的屠杀同样酷烈。太平天国运动结束时，很多县城几乎空无一人，这也造成了很多地方后来的居民都不是原先的本地人，而全部是外来移民。比如湖州下面有一个长兴县，我们去做过调查，太平天国战争爆发前住在长兴县的原居民，战争结束后却住在山区。这是因为战争爆发后，当地的有钱人首先逃进了山里，等到战争结束再想回家时，发现城里的家早已被外来移民占了，回不去了。其中第一批到达城区居住的外来移民就是浙南人，因此长兴城区现在很多都是浙江南部移民的后代。第二批到达的是河南人，河南是人口大省，听说江南有土地和房子后就大举搬迁过来，但城里已经住满了，于是就定居在郊区。我们去调查时，在长兴县郊区有一整个村子的人都说河南话。南京的情况也是一样，郊区人口很多都是太平天国战后的河南移民后裔，而原来城中的人或死或逃，人口损失巨大。

再次，也是历史上常常出现的一种情况，就是战乱带来的传染病与饥荒得不到及时救助，增加了死亡率。人口普遍由于营养不良或者饥饿，或者配偶死亡而导致出生率降低。

最后是热兵器的使用。中国历史上的战争以冷兵器为主，但到了太平天国运动时，洋枪洋炮被大规模运用，比如当时组织洋枪队的华尔，还有受清朝委派组建常胜军的戈登，都将洋枪洋炮带入了战场（戈登还因功劳卓著被赐黄马褂，在成为苏丹总督后死于苏丹马赫迪起义，现在如果去苏丹哈里发博物馆还能看到清朝赏赐他的黄马褂）。不仅清朝自己使用洋枪洋炮，太平军也想办法通过其他渠道弄到了很多，双方都使用热兵器就使战争升级，死亡人数也远超过去。

但是有一个现象我们不能忽略，那就是到了晚清时期，中国局部地区已经出现了第一次人口转变。传统中国几千年来和世界上其他那些国家的人口增长模式基本一样，在工业化以前，始终是低出生率，高死亡率，低增长率的模式，即传统型人口增长模式，也叫"低高低模式"。但是到了工业化以后的近代则出现了变化，就是出生率大幅增加，变成了高出生率，低死亡率，结果呈现高增长率，在人口学里叫作"高低高模式"。这就是第一次人口转变，而这个转变在中国晚清时已经出现了，究其原因有以下几个方面的因素：

第一个因素是公共卫生改善，医疗水平提高。晚清时，很多西方传教士在中国沿海、沿江地区开设了新式医院，疫苗接种得到推广。像今天的上海市红房子妇产科医院，它的前身就是传教士开设的产科医院，医院大大改善了原始的接生手段。很多疾病得到了医治，传染病得到了防治。

第二个因素是出现了社会救助。中国传统的慈善事业多由地方乡绅主持，不成体系，晚清至民国时期受到国际上慈善机构的影响，已经建立了红十字会，国内也有了自己的慈善事业。

第三个因素是交通运输的进步，出现了公路、铁路、轮船。举一个例子，山西近代曾经出现过两次大的旱灾。我们知道像洪水这样的灾难，如果能躲过洪峰，基本过十天半月水灾就会自动消退，大多数人还是可以活下来的。相比之下，持续性旱灾导致的死亡最多，在没有天气预报的时候，没人知道旱灾到底会持续多久。旱灾初期人们都抱有侥幸心理，即使两个月没有降水，人们也都相信第三个月一定会下雨，结果遇到长时间干旱时，再想逃难已经来不及了。而山西近代这两次大旱，其中第二次并未造成多少人口死亡，原因就在于百姓有了退路。第一次大旱，朝廷想运粮都运不进去，因为挑夫都在大规模死亡，同时灾民也出不去。到了第二次大旱时铁路已经开通，部分灾民被集中起来通过火车去往山东，大批粮食通过铁路也得以转运进灾区。

实际上中国在一些发达地区，像珠江三角洲、沿江沿海地区已经出现了这样的第一次转变。但由于没有出现全国性的人口转变，特别是受太平天国运动的影响，总的人口还是在下降。不过，局部地区人口的增加也带来了好的转变，就像前面讲的1953年第一次全国人口普查的时候，我们惊奇地发现人口竟比之前的4亿人增加了1亿。当时大家都以为历经太平天国运动、军阀混战、抗日战争这么多的灾难，中国人口应该会损失很多，但没有看到局部地区，特别是城市地区已经出现了转变，这些增加的人口在一定程度上抵消了人口损失，如果按我们之前的传统观念是无法预料到的。可以说这是中国最后一次重大的人口下降，但也应该看到在损失中孕育出了新的转变。

婚育篇

古代要传宗接代真的不容易

这一章我们重点来讲古代人口增长的方式之一——传宗接代。

众所周知，中国的传统文化非常重视传宗接代。所谓传宗接代，是说不仅要有孩子，而且还要有男孩子。如果没有男孩子的话，古人甚至会采用招女婿的方式把"生产力"招进来，孩子诞生后就随女方姓氏，这样才能传宗接代。

为什么要这么大费周章呢？其实，在古代要传宗接代并不是一件容易的事——第一点，并非所有育龄妇女都有怀孕的机会。在古代社会，普遍的饥饿和营养不良导致了男女双方性成熟较晚，以及平均寿命短，这使得一部分妇女还没等到育龄便已经去世，有的甚至新婚不久便去世了。还有男性方面的因素，如果丈夫去世，那么女性就要终止受孕。唐诗宋词中有一个常见的主题——悼亡，悼念妻子或情人去世，如果仔细分析会发现她们都很年轻。除非那些作者再次结婚，否则生育机会到这里就结束了。

第二点，来自古代的刑罚。死刑自不必说，其他诸多刑罚会造成受刑人的伤残和死亡，其中有一些刑罚会影响生育，更不用说有种刑罚是对男人的阉割。而女人遭受的刑罚中，有一些会故意毁坏阴部和子宫。所以各种残酷的刑罚也造成了受刑人的死、伤、残，最终的结果当然也会影响生育率。

第三点，在宋朝实行代役制之前，除了个别拥有特权的人，适龄男性都必须离家服役，而且服役期间伤亡率很高。在这种情况下，又不可避免地要有一段时间影响到出生率，而如果男性在服役期间死亡，另一方受孕的机会也就终止了。

第四点，一般来说大多数古代人是安土重迁，很少离开家乡的，但实际上夫妻分居的情况也不少。比如，一般的地方官不被允许在本地任职，而是被安排到异地当官，异地当官有规定，包括县令在内的低级别官员有很多不被允许携带家眷。那么这种在外面做官的情况就会造成分居。还有像边疆招垦、东北放垦等措施，在开始阶段是不准携带家眷的。比如闯关东，发展到后来才允许家眷加入。此外，以前有大量的流民、难民，他们虽然不是绝对没有生育机会，但这种机会肯定有限。

第五点，在古代交通不便的条件下，一些人会长期离家。如在外地经商的、当师爷的、当幕僚的、从军的、垦荒的、在外面教书、行医的，还有那些参加科举去赶考的大批人员都会长期离家，这些都是影响生育率的因素。比如说徽商，如果按照当地的规矩，家里的男性在未成年时就要被带出去当学徒，学做生意。成年后也常年在外，如果生意顺利的话，会在每年过年的时候回家，一些更有钱的会每年回家扫墓。除了这两个时间外，徽商基本在外漂泊。而如果在外面不顺利，亏了本、没有钱或者碰到什么意外，他们就基本不回家了。所以有些徽商的妻子终其一生也没有多少时日和丈夫相伴，如果机会不巧，一年只有一两次的怀孕机会就失去了，一辈子守活寡就是这个道理。旧时代经常会将生不出子嗣归咎于女性，而实际上男性才是主因，但女性往往会因为这个原因被休，导致无法改嫁，因为她们会被认为是没有生育能力的。

第六点，古代的一些法律也对生育造成了限制。比如唐朝的法律《唐律》里面就提到了"居父母丧生子"，如果有人在父母丧期不安心守丧，还行房事而生下孩子，就要被罚以一年徒刑。为了避免受到刑罚，刚降生的孩子往往会被父母偷偷处理掉，一般会被溺杀。单身者在父母的丧期不能结婚，已经结婚的在父母丧期不能怀孕和生孩子。如果家里连续出现长辈的丧事，育龄人员就有好多年无法生育。这个法律一直到朱元璋建立明朝后才废除，而在此之前，只要家里有父母丧事，人们在这段时间就要停止生育，有些人为了表示孝道，自己还在法律规定的丧期时间上加码。

第七点可能是大家今天不太能想得到的，在古代普遍营养不良的情况下，婴儿的哺乳期会很长。今天，母乳未必是唯一选项，而过去有些孩子即便已经很大了却还在吃奶。那么古代的哺乳期一般多长呢？平均来说是三年，这就意味着在这三年的哺乳期里，女性无法继续生育，因此古代的育龄人口并不像我们想象的那样每年都会生育。能做到每年都生育的家庭基本要寻找乳母

（奶妈），或者将孩子寄养到别家。古人有这样的说法，三年才能生下一个孩子，之所以要为父母守孝三年，正是因为孩子吃过母亲三年的奶。母乳喂养三年的情况并非中国独有，北欧在进入工业化以前，哺乳期同样要三年以上。新生儿没有其他营养只能依靠母乳，在经验指导下人们认为哺乳期越长越好，一般是三年，这样一来受孕的间隔也被延长。

第八点，富贵人家可以找乳母帮助哺育。在清朝，皇室、王爷、八旗等贵族产子之后都会请乳母，其中有些乳母就被要求在府中奉献一生，于是自己就丧失了继续生育的机会，或者要停止相当长的一段时间才能继续生育。不仅官宦富人家里，一般家庭雇用乳母的情况也很普遍。

因为身份问题无法正常生育的还有奴婢，以《红楼梦》为例，书中的奴婢除非被主人批准取消奴婢身份，否则只有等主人同意才能够进行婚配。部分奴婢因为主人需要始终无法结婚，或者最后结了婚也失去了生育的机会。此外还有娼妓这种特殊身份也无法正常生育。所以在古代不是所有的妇女都有机会、有资格生孩子。

第九点，种种迷信的习俗也会减少受孕的机会。旧皇历书里甚至会写某月某日不宜房事。如果一些常年在外的经商者好不容易赶到家里过年，打开皇历发现当日不宜房事，仅有的孕育机会也就错过了。这类迷信现象在古代不胜枚举。类似的主观因素还出现在一些性功能方面的病症上，除了确实无药可治的情况外，还有很大一个原因是患病者羞于告人——求医的话不一定医得好，反而招致别人的误解和歧视，会被认为祖上不积德，让配偶生不下子嗣。因此在古代，性功能疾病往往会因为主观和客观的共同因素导致治愈率低下，进而影响生育率。

第十点，古代一些文人为了追求伦理道德和修养，而把性生活看成淫秽行径，把正常的性知识看成下流邪道，长此以往就造成了性冷漠。这种社会性的性冷漠必然会影响到生育率。

古代很多生存压力大的地方为了保持富裕或良好的生存方式，实际上早已开始实行主动避孕了。根据李伯重教授的研究，明清江南地区人民生活富裕，商业经济发达，一些居民已经出现很多自觉或不自觉的避孕行为。比如商人为了行商就会主动减少孩子出生的可能性，还有些家庭为保持家族长久富裕，就未必会有多子多福的观念，这和中国的继承制度有关。我们来做个对比，古代欧洲实行长子继承制，比如某个贵族家庭拥有八位子嗣，最终只有长子能够继承城堡，其他子嗣则没有权利继承，这就是为什么欧洲有很多城堡至今仍保留在原来的贵族世家手中。而中国，历史上一直实行的是平均继承制，众多子嗣平分家产。这座城堡如果在中国，就得由八位子嗣均分了，要是分不开就只能卖了分钱。所以男嗣越多，意味着家族财富越分散，分散得越快。因此富裕家庭很可能会避免子嗣过多。

在古代没有有效避孕手段的条件下，各种原始的避孕措施就应运而生，而避孕的责任一般得由女性承担。明朝文献记载，当时的女性为了打胎而采用一些土方，比如生吞活田螺。但这些土方风险很大，往往会导致死亡。《汉书·外戚传》中记载，有人想在皇后临盆时将其害死，因为女人怀孕的过程本来风险就很大，当时甚至有"十死一生"的说法，皇后如在这个时候意外死亡就不会有人追查，由此可见，西汉时期孕妇死亡率之高。此外，在当时卫生护理条件差的情况下，绝大多数孕妇在孕产期得不到任何有效的救助，在这个过程中很容易受到病菌或者病毒的感染，因此在古代孕妇因难产去世是常有的事情。

饥饿和营养不良的影响也会导致孕妇免疫力低下，死亡率增长。此外还有迷信的习俗，比如孕妇在家里生产不吉利，在居丧期间要防止"血光"冲了已故长辈的魂灵，这些都增加了孕妇的死亡率。不仅平民家庭如此，皇帝贵族亦不例外，怀孕的嫔妃和妻妾通常会被转移到偏僻、简陋的场所，甚至是乡下的茅屋草棚，不用说医护救治，连基本的生活都难以维持。而古代落后的产护观念同样也导致了诸多错误行为，比如对产妇生活饮食不必要的禁忌，还有过度的保温措施，有的产妇在大热天里坐月子还要裹厚被子，容易感染产褥热或窒息而死。

在古代，婴儿的死亡率也很高。

第一个原因是因为其本身就有比较高的自然死亡率。尽管找不到任何统计数字，但有近代的统计数据可作参照：据1936年和1938年全国18个省区对婴儿死亡率的调查，全国平均数分别是156.2‰和163.8‰。其中最严重的是绥远省（今内蒙古自治区中部），婴儿死亡率达到了429.9‰——每10个新生儿中有4个会夭折。我们有理由相信，古代婴儿的死亡率应该比这两个平均数字高得多，可能达到了绥远省的数字。1954年做的抽样调查表明，婴儿的死亡率还有138.5‰，到今天这个数字已经下降许多，达到了发达国家的水平。

除了高死亡率以外，第二个原因是在古代存在一些古怪的风俗，这就涉及到一个现象——杀婴现象。

《史记·日者列传》中记载，"产子必先占吉凶"。无论产男产女都要算命打卦，如果占卜结果不吉利，婴儿就要面临被遗弃的风险。《后汉书·张奂传》里提到武威、河西一带有诸多奇奇怪怪的禁忌，"凡二月、五月产子及与父母同月生者，悉杀之"，也就是说二月和五月不能生孩子，生下来就要全部处死。如果孩子跟父母同一个月出生，也得杀死。王充在《论衡·四讳》篇中提到，"四曰讳举正月、五月子。以为正月、五月子杀父与母"，认为正月和五月出生的孩子不吉利，会害死父母，所以不能在这两个月里生孩子。应劭的《风俗通义》里提到，"不举并生三子，不举寤生子，不举同月子，不举生鬓须子"，意思是生下来是三胞胎的孩子，生下来就能睁眼看人的孩子，或者与父母的生日在同一个月份生下来的孩子，以及生下来有胡须的孩子，通通都不能保留，要"处理"掉。《西京杂记》中记载"举五日子，长及户则自害，不则害其父母"，意思就是每个月初五生下来的孩子长到像门一样高时，要不自己死掉，要不就会害死父母。羌胡还有"杀子荡肠"的习俗——妇女生下的第一个孩子要处死，通过这种"洗肠子"的手段来保证血统纯正。

为什么会有这么多奇怪的习俗？人类学家告诉我们，全世界各地的人类在早年都有类似的习惯，实际上是通过这些方式来淘汰一些婴儿，因为婴儿全都留着的话是养不活的，所以就有了各种禁忌与手段。比如把婴儿放在森林中，如果三天后不死就说明他天生强壮，父母再取回来养育。但更多活不下来的婴儿就这样被淘汰掉了。

第三个原因就是家庭无力供养。苏轼曾记述："岳鄂间田野小人，例只养二男一女，过此辄杀之。"也就是在今湖北武汉市与湖南岳阳市一带，普通乡下人家最多能养育两个男孩一个女孩，再多生下来的婴儿就直接处死。《东坡志林》中则记载道，"黄州小民，贫者生子多不举，初生便于水盆中浸杀之"——黄州（今湖北黄冈市黄州区）的贫困百姓家生下孩子大多不留下，刚生下来就浸在水盆中淹死。《宋会要辑稿·刑法》对此总结道：

> 男多则杀其男，女多则杀其女……宣、歙为甚，江宁次之，饶、信又次之……衢、严之间田野之民，每忧口众为累，及生其子，率多不举。

当时流行的现象是男孩生得多就杀男孩，女孩生得多就杀女孩。宣州、歙州，也就是今天安徽的宣城市和黄山市一带，这种现象尤为普遍，其次是今南京市一带，再次是今江西上饶市、景德镇市一带。而浙江的衢州（今衢州市）、严州（今杭州市西南部分）等地人地矛盾尖锐，百姓活命都困难，害怕人太多养不起，因此生下来孩子后，很多家庭就将孩子自行处死。大家不要看了电视剧后就觉得宋朝人是普遍富裕的，其实当时穷人的生存压力是很大的。

杨时在《龟山集》中又提到了当时一种叫"计产育子"的现象："闽之八州，惟建、剑、汀、邵武之民，多计产育子，习之成风，虽士人间亦为之……富民之家，不过二男一女，中下之家，大率一男而已。"当时福建的八个州中有四个州（约相当今福建省西北一半）的老百姓会按照家里产业的多少来计算到底该养几个孩子，这种现象在当时已蔚然成风，很多那些有功名、有身份的人也这么做……富人家里一般两男一女，中下之家大多生一个男孩就够了，再多生出来的就要处死。而这一类杀婴情况已经属于自觉的范畴，不像前面的迷信风俗。所以倒推回去可以发现，迷信习俗也是适应了社会的需要，没有这种习俗的话，反倒不需要借口，就变成直截了当地杀婴了。

第四个原因就是赋税过重。比如汉武帝时期，孩子到三岁时就要开始征收人头税，很多家庭因为缴不起这个税，便干脆在孩子刚生下时就处死。

第五个原因，男尊女卑。男尊女卑的现象在先秦时就已经出现了，《韩非子·六反》中提到，"产男则相贺，产女则杀之"，如果生下男孩子就举家欢庆，因为有了传宗接代的人，而如果生下的是女孩子就会马上把她处死。穷人这样做是为了保证能够传宗接代，而王侯官宦人家则是因嫔妃、妻妾之间争宠，如果生的是女孩就不能够上位，还会被人瞧不起，被认为不吉利，所以产妇往往生下女孩后就隐瞒消息并赶快将其处死，直到顺利生下男孩。还有些富人家如果生下女孩就会被议论这是祖宗不积德导致的，因此也会将女孩处死。

孟子曾说"不孝有三，无后为大"，但要注意的是，"有后"指的是男孩子，古人为了避免自己"无后"会想尽办法，但实在生不出怎么办呢？最常见的一种办法就是立嗣，也就是从同族同宗中以辈分相当的侄子为嗣，原来叫叔父，现在就要叫父亲了，这么做的目的就是保证其有后。比如文天祥去世时没有后代，他的弟弟文璧就将自己的一个孩子过继给了他。一般来说，过继要在同宗内部进行。实在不行就只能领养了，领养的话就是从宗族外领养，再继承本姓。而这个过程也常常波折丛生，比如有些家庭的妻妾无法生育，便假装怀孕，且对外宣布有孕了，然后再从外面领养一个回来，给对方一笔钱让他们赶快搬走，个别人甚至会杀人灭口，达到独吞孩子的目的。

还有一种情况是非婚生子，但非婚生子往往没有法律地位，当事人在很多情况下就不得不弄虚作假。甚至有些地方出现了借妻生子的现象，浙东一带曾存在典妻现象——穷人有生育的需求，有人就会将妻子"租借"给他，签好契约。比如有借给两年，有借给对方直到生出儿子为止。所以常出现妇女一开始很不情愿，但等到孩子生下来后又舍不得离开的情况，这其实比现在的非法代孕问题还要残酷。归根结底，这种行为对出生率是没有正面影响的，不但不会提高出生率，反而会降低出生率。另一种情况就是入赘，也就是招外姓做女婿，生下来的孩子一定要从母姓来保证自己的香火延续。古人为什么这么怕断香火呢？因为当时的观念认为，人死了以后还会在另一个世界生活，只有自己的男性继承人来烧香上供，当事人才收得到，而女儿被认为是外人，行不通，因此也就出现了千方百计保证自己有后的现象。

如果是皇帝或贵族无后，那就更麻烦了，甚至会引起政治危机。东汉开国不久就出现了皇帝短命的现象，有些皇帝在还没有自己的孩子时就去世了，这样的话谁来继承帝位呢？为了解决这个问题，就只好在宗室里寻找继承人。宗室里当然有成年男性，但外戚与大臣害怕难以驾驭，都不愿意找宗室的成年男性，最后总要找到一个宗室的小孩子，哪怕是婴儿来继承。这样一来，太后可以继续临朝，外戚可以继续掌权。类似的例子还有慈禧太后的儿子同治皇帝，他去世后，照理来说要在同治的下一辈找继承人，但慈禧一定要将同治的同辈，她的亲侄儿兼亲外甥、当时还是小孩子的光绪找来做皇帝，方便她垂帘听政。这样的情况在东汉尤为恶劣，常常陷入恶性循环——皇帝去世后，宗室里的小孩继位，太后垂帘听政，然后外戚掌权。等到小皇帝长大后不甘心受制于人，为了夺权便依靠太监，开始联络外朝搞政变。如果夺权成功，这些太监就都是功臣，皇帝要给予酬劳，而且小皇帝最后也离不开这些太监，最终变成太监掌权，直到皇帝死后再开始新的循环。

像这种婴儿死亡率高，甚至皇家也难以幸免以致产生政治危机的情况是不是中国特有的呢？其实并非如此。今天的西方国家在工业化以前，这种情况也是相当普遍的，婴幼儿死亡率高往往造成其人口难以增长。比如18世纪初，英国女王安娜有13个孩子都死在她之前。所以欧洲很多王室的女性成员也可以继承王位，其背景就是很多贵族不但没有男嗣，甚至连一个自己的孩子都没有，以至于往往要找旁支来继承爵位。著名学者、《罗马帝国衰亡史》的作者爱德华·吉本在1792年出版的自己的回忆录中写道："每次给我兄弟受洗或者在我的长兄死去时，父亲总是惴惴不安地重复给我每个兄弟同一个教名爱德华，希望这一名字在家庭中不致绝传。"可见当时婴幼儿死亡率之高。

有一年，我到加拿大魁北克开会，会议结束以后，主办方组织我们考察缅因走廊。在考察中我发现，在阿姆斯特朗附近的一处荒废墓地，其中的两块碑生动地说明了当时婴幼儿及青少年人的死亡率，上面记载了这样的情况：

Sarah 1844 / 7 / 3生，1864 / 8 / 10死，20岁

Rachel 1848 / 4 / 7生，1864 / 8 / 12死，16岁

Margaret 1850 / 4 / 30生，1864 / 8 / 15死，14岁

Robert 1856 / 9 / 6生，1864 / 8 / 16死，8岁

Caroline 1860 / 3 / 8生，1861 / 3 / 7死，1岁

R. 1858 / 6 / 2生，1866 / 6 / 14死，8岁

从1864年8月10日到16日，7天里死了4个人，而且全部都死在父母前面，这还只是我随机看到的。所以我们在讲到人口的增长率时，固然有文化的因素，但更重要的是经济社会的因素。在这一点上，中国古代和欧洲工业化以前基本上是相同的。

古代有哪些鼓励生育的政策和措施

　　最近，大家看到各地都公布了不少鼓励生育的政策和措施，那么中国古代有没有鼓励生育的政策和措施呢？可以说不但有，而且还很多，有些措施甚至到了近乎强制的程度。在古代，人力就是最大的资源。人多一来可以促进生产，二来可以广泛征兵，所以古代统治者会千方百计地促进百姓多生育。具体有哪些措施呢？

　　第一个举措，鼓励早婚。中华文明发展下来已经具备了基本的伦理道德，认为孩子应该是婚生子才合法。因此想要让百姓多生、早生，就需要鼓励早婚，甚至惩处晚婚。有哪些具体措施呢？比如春秋时期吴越争霸，越国被打败后就有了勾践卧薪尝胆的故事，勾践想要富国强兵，首要任务就是增加人口。越国规定，男子到二十岁、女子到十七岁还未嫁娶的话，就要处罚父母。这两个年龄似乎也不算早，但要考虑到先秦时期人民普遍营养不良，性成熟晚，婚龄也比较晚。因此二十岁和十七岁这两个年龄，在当时已经算比较早的了。

西汉初年也开始面对类似的问题，经过战乱后人口匮乏，在内忧外患下迫切需要恢复生产，增加人力。到汉高祖的儿子汉惠帝时，颁布了一项法律，女子年十七至三十不嫁，征收五倍人头税。但同时也规定了下限，要超过十七岁再出嫁，这个年纪在当时依然算早婚。到了西晋初年，晋武帝司马炎规定，女子如果到十七岁不出嫁，就要由官府强制婚配。到南北朝时，北齐后主高纬令"杂户"中二十岁以下、十四岁以上未嫁女子集中配婚，如果家长有敢干预或隐匿的，以死罪论处。这个年纪无论如何都是非常早的，为什么要这么极端呢？南北朝尤其是北朝，天灾人祸频繁，且战事不断，人口不足，执政者便采取了这样激进的手段。而且这个措施针对的是当时地位比较低下的杂户，对于地位稍高一些的家庭还未推行。而杂户家长要想不让女儿被集中婚配，就必须在她们十四岁之前将其许配嫁人。北周干脆把法定的婚龄降到男十五岁，女十三岁，这是中国历史上最低的法定婚龄。实际上很多这个年纪的人根本没有性成熟。

历史上除了北周以外，唐朝开元二十二年（734）、北宋天圣年间（1023—1032）也曾经做过这样的规定。但以常规情况而言，从南宋直到清朝，法定婚龄被固定在了男十六岁，女十四岁。政策越极端，越说明当时社会急需增加人口，不惜以强制手段来达成目的。结婚越早，到育龄结束前可生的孩子就越多。从历史上看，早婚是鼓励生育的前提。

社会需求急迫时往往还有其他强制手段。比如前文说过唐太宗贞观元年曾下诏书，不但将婚龄定在男二十岁，女十五岁，还要求寡妇鳏夫在丧期守满后及时婚配，并将政令在全国推广，作为考核地方官员政绩的一个重要指标，这些就是强制性手段。

　　第二个举措就是给予政策上的优惠补贴。汉高祖七年（前200）下令"民产子，复勿事二岁"，意思就是百姓每产一子，就可以免除两年的徭役，而当时的徭役是极为繁重的。理论上说，如果能接连产子基本也就免除了徭役，也算是一项很大的优惠了。东汉章帝元和二年（85）时进一步增加了奖励措施，"人有产子者复，勿算三岁"，不但免除劳役，还免收三年的赋税。还有"赐胎养谷人三斛，复其夫，勿算一岁"，每位孕妇都可以领取三斛粮食，丈夫也可以免除一年劳役。宋仁宗嘉祐三年（1058），韩宗彦上书《请修胎养令》，要求国家专门制定法律优待孕妇。

　　第三个举措，禁止杀婴。古代的杀婴现象非常严重。东汉时期，沛国相王吉下令，"生子不养，即斩其父母"；地方官贾彪规定杀婴"与杀人同罪"，是死罪。宋高宗赵构也曾经下令，"杀子之家，父母、邻保及收生之人，皆徒刑编置"，虽然没有规定与杀人同罪，但处罚同样十分严厉。不但父母受罚，邻居和保长以及收生婆也要承担连带责任。因为以前往往出现这样的情况，有些家庭发现生下的是女孩，就委托收生婆溺死或想办法处理掉，因此政策规定参与杀婴的人一律判处徒刑或异地充军。

　　第四个举措是打击佛教。有些朝代佛教盛行，不少人为了逃避赋税而出家。这样一来非但自己不缴税，也不可能再结婚生子，相当于影响了国家的人口增长。北周时期，北周武帝宇文邕下令废佛，一次性强制三百万僧侣还俗。如果这三百万僧侣还俗后都能结婚生子，人口不就大为增加了吗？唐武宗会昌五年（845）又爆发了第三次灭佛运动，一次性勒令二十六万和尚还俗，通过限制不婚不育人口来增加新生人口，当然，这在历史上属于特殊情况。

第五个举措就是安置流民。原来流离失所的难民没有户口，生活不安定，也就不可能及时结婚生子。而政府需要做的就是通过重新分配土地，支持生产，免除原来的积欠赋税，甚至取消原来的奴婢身份，对罪犯身份既往不咎，重新安排他们入籍并登记户口，让他们过上正常的生活。所以我们会看到每个朝代在新建立，或者中间经过战乱需要复兴时，往往会采取这样的措施安置流民，之后的结婚人口也确实会大幅增加。

对于人口增加来说，上面提到的这些措施在短期内效果显著，而长期性的措施则是强化生育观念，这种潜移默化的观念往往是最为重要的，即使在今天也是如此。今天我们鼓励生育的因素里面，常被大家忽视的、很重要的一点就是生育观念。传统中国历来提倡孝道，现在很多人以为孝道就是孩子给父母磕头洗脚，中国传统文化中孝道的核心是什么？是孟子讲的"不孝有三，无后为大"，所谓最大的孝道就是多生孩子，其他方面再好，但如果没有留下后代也是最大的不孝。即使发生天灾人祸，很多人在逃难过程中还在生孩子，越是这种时候人们越想通过多生来保证后代的延续。而且这样的观念已经深入人心。

传统观念的要求不仅要"有后"，更要传宗接代，而这种传宗接代也往往伴随了消极因素，因为只有生男孩才算是传宗接代，不过这种观念在客观上也鼓励了生育。这样的现象想必大家并不陌生，有的家庭姐妹几个分别叫"招娣""盼娣""引娣""接娣""来娣"……父母一心只盼男孩就拼了命地生。我们必须承认，这种观念在今天是极为落后的，但在历史上却有利于总体的生育，对男孩的渴求在客观上扩大了总人口的增加。

传宗接代的目的是什么呢？一方面是继承香火，希望祖宗得到长久的祭祀。在传统观念中，女性出嫁后就不是自家人，必须由男性来承担烧香的任务。另一方面是养儿防老，在没有现代社会保障制度的时代里，人老了之后只能靠孩子赡养，尤其是男孩子，道理同样是所谓的女孩出嫁就不是自家人了。因此可以说，这些生育观念的强化在中国历史上扮演了很重要的角色。

但是大家也需要明白，鼓励生育是需要一定物质条件的，上文提到的大多数例子都是政府在物质层面上的奖惩。问题是到了今天，大多数发达国家和发达地区却依然面临着生育危机。为什么生活优越的他们也缺少生育意愿呢？真正想提高人口的生育率，到底靠的是什么？这里我们留一个悬念，答案留到后文近代篇中揭晓。

古人真的有三妻四妾吗

一般情况下，人口的增长是与婚姻有关的。虽然现在我们的法律同样保护非婚生子女，但毕竟大多数人口的诞生都是婚姻的产物，所以婚姻的状况往往决定了人口增长率。然而，中国古代婚姻状况中却存在着一个特殊情况——一妻多妾制。

对于古代皇家的三宫六院大家并不陌生，因此认为古代很多人都一妻多妾。那么到底实际情况是怎样的？是不是所有的人都能一妻多妾？这样的一妻多妾制对人口会产生什么影响？

中国历史上一妻多妾制确实是合法的，一直到1950年，《中华人民共和国婚姻法》颁布才废除一妻多妾制实行一夫一妻制，只有香港、澳门地区将一妻多妾制一直延续到20世纪后期。赌王何鸿燊拥有多位妻子和子女，是大家耳熟能详的例子。因为香港和澳门地区一直沿用着清朝的民法。

中国古代虽然普遍实行一妻多妾制，但具体的施行是有差异的。首先，各阶层之间的差异就非常大；其次，不同时代、不同地域之间的差异也非常明显。而且根据法律，并非所有人都能够一妻多妾。

《周礼》中有规定，"王者立后，三夫人，九嫔，二十七世妇，八十一女御"，即最高统治者可以拥有一位王后，三位夫人，九位嫔，二十七位世妇和八十一位女御；晋国、齐国等诸侯，规定为一妻九女；卿大夫一妻二妾；最基层的庶人为一妻一妾，至于奴隶则没有资格迎娶妻妾。到了秦汉时期情况再次发生变化，《汉书·外戚传》中记载有皇后、夫人、美女、良人、八子、七子、长使、少使，共八个等级，每个等级的人数均有规定。到汉武帝时，这个级别又增加到十四级，下自宫女，上至皇后，此时已经号称后宫有三千人了。离我们最近的清朝，法律规定皇后一人，皇贵妃一人，贵妃二人，妃四人，嫔六人，这些人数为定额。至于今天的观众看到《甄嬛传》这一类的清宫戏中出现的贵人、常在、答应，这些级别的人数便不受限制了。此外还有多达几千人的宫女群体，中国历史上皇帝拥有宫女的最高纪录超过了两万人，这便是皇家的妻妾情况。

再来看官僚的情况。皇帝之下的官员同样也有妻妾数不胜数的例子，以汉朝丞相张苍为例，《汉书》记载："（张苍）妻妾以百数，尝孕者不复幸。"他上百的妻妾各人只有一次受孕机会。又比如当时的左将军史丹坐拥妻妾数十人。汉昭帝时，"今诸侯百数，卿大夫十数，中者侍御，富者盈室"——即便是中等家庭和富人家中也都住满了女人。除此之外，还有各种各样的占有形式，"诸侯妻妾或至数百人，豪富吏民畜歌者至数十人"，具体是什么意思呢？诸侯可以光明正大地迎娶妻妾，但社会上其他富人受到制度限制，纳妾的人数受限，便在府中大量收纳歌女，用这个名目也可以养几十个人。到明朝时期，朱元璋对宗室的优待更是出了名的，他规定郡王可以娶5个妻妾，正妻以外的都是妾。相传，庆成王朱济炫生了100个长大成人袭封爵位的儿子，如果加上女儿和成年前死亡的子女，一妻四妾无论如何是远远不够的，所以明朝宗室总共占有的妻妾数量是相当惊人的。至于歌姬、优伶或女奴，实际上也是变相的妾。即便是没有身份的庶民百姓，要是年过40没有儿子，也可以纳妾。从明清法律的表面上看，对纳妾是有严格规定的，但实际上只要经济条件允许，根本不会有人多管，除非产生法律纠纷时，才会宣布其中一些妾的身份是非法的。

那么以上提到的多妻问题对人口有什么影响呢？

第一，加剧了性别比的不平衡。按今天相对正常的性别比来说，是106～107个男孩，对应100个女孩，但从绝对数字来说，女性就要比男性少很多了，放到古代再加上多妻的情况，性别比的不平衡就更为加剧。最终就造成相当一部分男性终身没有办法婚配，即使是上层男性也不例外。

今天我们回顾一些大家族的家谱，常会发现某人第几房无后，即绝后，也有的根本就没结过婚。甚至明朝宗室中也有这样的情况，有的人到了中年还没有结婚，原因就在于这种高门大族是讲究门当户对的，宗室娶妻还要上报宗人府批准。一些远支的宗室上报后或是久久得不到批复，或是没有足够合适的人选能够分配。久而久之，无法成婚的宗室成员也就越来越多。

第二，一妻多妾制严重浪费一部分人的生育机会，那么总的生育率便因此下降。虽说明清皇帝子嗣众多，动辄几十个儿女，但不可忽视的是他们的几千个宫人中，有受孕机会的人寥寥无几。以汉朝为例，如果皇帝去世，所有的宫女便再也不能放出宫，一部分会被分配去守陵，更有甚者还会让宫人陪葬，能够恩准宫女出宫的皇帝少之又少。偶尔有些皇帝会将未临幸过的宫人放出宫，但大多数宫女还是终其一生深居宫中。从客观上看，一妻多妾制造成了古代生育率的降低。

如果男性的性功能有问题，同时还一妻多妾，那就会造成更多的生育机会被浪费。在古代有限的医学知识中，不能生孩子全部被看作女方的原因。所以历来女人因不能生育而被休，都会成为合法的理由。在古代有"七出"，也就是七个理由可以合理休妻，其中"无后"是最为典型的理由，然而事实情况是很多男性本身存在性功能障碍。

第三，皇帝、贵族、官员与妾侍或非婚女性生的孩子往往因得不到承认而遭遗弃，或被处死。史书记载，有些皇帝偶然临幸宫人而诞下的子嗣，因事后皇帝自己忘了，或不愿承认，这些婴儿就会被秘密处死。官员、名流的非婚生子女也难免这样的命运。所以总的来讲，一妻多妾制对人口增长起到的是消极的影响，更不用讲由此产生的嫡庶之别、男女之别所造成的消极作用。

寡妇究竟能否改嫁

　　结束了关于古代妻妾问题的讨论，这一章我们再来回顾一个与婚姻相关的话题——寡妇改嫁。

　　前几章中我们提到，虽然从理论上说古代法律规定的结婚年龄比较小，但实际上并非所有人都有条件早婚，一部分人到了法定年龄，甚至已经超过了法定年龄依然无法成婚。除此之外还有一类问题，即寡妇到底能不能改嫁？寡妇到底是不是都规定要守节？关于这个问题的回答，实际上也是因时代而异，那么下面我们就来谈一谈不同时代寡妇改嫁的具体情况。

　　在较早的时期，比如汉朝时，寡妇改嫁是一种普遍现象，不仅是百姓，连皇室也是一样，寡妇改嫁并不是一件丢脸的事，改嫁于何人、改嫁几次都可以大大方方地记录在正史中。比如汉景帝的王皇后，即汉武帝的母亲，在嫁给汉景帝以前曾经嫁给一个叫金王孙的人，这件事就明确地记载于正史中。再比如外戚田蚡，就是汉武帝的外祖母臧儿改嫁于田氏后生下的。此外还有多次改嫁的情况，比如汉宣帝的外祖母王媪，十四岁时先嫁给一个叫王更得的人，王更得死后又嫁给王乃始，然后才生下宣帝的母亲王翁须。到东汉时也是如此，汉光武帝刘秀的姐姐湖阳公主丧夫后新寡，但很快就开始寻找新夫君了，她看中了当时的大臣宋弘，光武帝便亲自为她做媒，偏偏宋弘不愿意，这些事都被史书如实记录了下来。所以这类事情在当时非常普遍，并非如后来历史上评价的是什么丢人的事。我们可以看到，连皇室的女性亲属都可以大大方方地将婚史记载入传。

同时我们也注意到当时的另一个现象，即东汉时期已经开始记载节妇烈女，《后汉书》中已经有了一卷《列女传》。值得注意的是，此时还是没有四点水的"列女"，也就是优秀女人的典范，而并非后世的"烈女"。但其中已经包括一些妇女不愿意改嫁，甚至不惜以死相拼的事例了。比如东汉的时候有些家庭逼妇女改嫁，她因不愿意而自毁容貌、剃发明志，甚至自杀的事例。班固的姐姐班昭就写了一篇《女诫》来规范女人的修养，其中一条就写道"夫有再娶之义，妇无二适之文"，意思是男人有再娶的理由，但女人却没有再嫁的根据，由此可见，婚嫁观念从此时起已经出现转变。虽说东汉的时候寡妇改嫁仍是普遍的风俗，但同时已经开始产生了妇女不改嫁是为美德的观念了。一般情况下，人们越倡导什么，越说明倡导的对象是稀缺的。班昭赞扬女人不改嫁是一种美德，那就说明当时的女人中改嫁的是多数，不改嫁还是少数。实际上到东汉以后改嫁现象还是比较普遍的，比如蔡文姬就有"文姬归汉"的经历，蔡文姬已婚后被南匈奴掳掠，被迫嫁给匈奴贵族，后来曹操将其赎回后又帮她做主，改嫁给董祀，这类事同样是普遍且公开的。

特别到了战乱年代人口骤减，尤其是女性往往减少得更多，性别比更不平衡，女性改嫁的情况也就更多。

南北朝时期曾经发生强制寡妇改嫁的现象。太行山以东地区经济发达，人口稠密，因此待嫁人口也较为充裕，北齐天保七年（556），官府组织将太行山以东地区的2600多名寡妇强行婚配给前线的军士。在被组织的妇女队伍中甚至有五分之一还不是寡妇，只是因为官府要完成指标而被强行掳走。这种时候，寡妇改嫁就不仅仅是一件被允许的事，更是一件被强迫之事，究其原因便是现实需要。

很多人想不到，唐太宗也会督促寡妇改嫁，贞观元年唐太宗曾下诏，规定除了男女正常结婚以外，还要求地方官员动员（实际是强制）居孀期满的寡妇改嫁，并且把此事作为考核地方官政绩的指标。所以我们可以看到，唐朝公主改嫁的情况很多，而且和西汉时期一样并非什么羞耻的事。《新唐书》和《旧唐书》都有清楚的记载，统计到的公主有20多位都改嫁过，其中嫁了两次的有23人，嫁了三次的有4人。这些改嫁是否公开不得而知，但确实得到了正常的披露。

为什么唐朝会出现这种情况？一方面跟风俗的变化有关，唐代之前北方少数民族大量内迁，他们的风俗也影响到了中原。再加上唐朝皇室本身也有少数民族血统的，所以他们的风俗也保留了下来。

但是更主要的原因并不在此，大家试想一下，如果仅仅是有这种风俗，那么作为皇室女性，即使要改嫁也并不一定要公开。

唐太宗下这样的命令难道只是一种文化现象吗？其实不然，这是出于实际的需要。唐朝初年人口太少，突厥南侵造成的压力非常大，甚至兵临长安城下，唐太宗不得不亲自出城与突厥可汗交涉。在这种严峻的形势下，增加人口就成了当务之急，而在各种增加人口的途径中，寡妇改嫁便成了一大手段。当时很多寡妇相当年轻，要抓住她们的生育机会，最为合法的手段便是让她们改嫁。所以在唐朝时，寡妇改嫁的原动力实际上还是基于现实增殖人口的需要。但是到了宋朝情况就不同了。

五代后期，社会开始提倡守节了。到了宋朝理学发展，更是大力提倡妇女守节，当时的儒学大家程颐便宣扬妇女"饿死事极小，失节事极大"，"若取（娶）失节者以配身，是己失节也"——一个女人饿死又如何，并不是很大的事情，但女人失节，特别是改嫁，那便是完全丧失尊严的大事，比失去生命还严重。而如果男人去娶这种失节的人当妻子，那么这个男人也失节了。不仅不允许寡妇改嫁，还不许男人娶寡妇。

具体到一些守节的故事，听起来就更令人毛骨悚然了。比如欧阳修就记录了一件事，说五代末年一个小官吏去世后，他的太太护送他的棺木回老家，路过河南西部的时候天色已晚，她好不容易找到一个旅店想要进去住下。店小二一看这个女人穿着孝服，后面还跟着棺材，认为不吉利便要赶走女人，那女人当然不愿意走，僵持之际店小二攥着她手臂把她往外拉，结果刚一碰到她手臂时女人便勃然大怒，说道："我的手臂你能碰吗？给你碰过这个手臂难道还能留着吗？"说罢便从旁边抄起一把斧头砍下了自己的手臂。女人被官府表彰为节妇，而店小二则受到了惩罚。这就是当时社会守节的一种典型代表，宁可不要手臂也要守节。而这个风气从宋朝开始，经过明清两代一直就延续了下来。朱元璋刚刚即位就下诏说，民间的寡妇如果有三十岁前就失去丈夫，到五十岁以后还守节不改嫁的，要给予表彰。地方官员要到她家门上挂贞节牌，在其居住地公布宣扬，还要免除她本家的差役，给予表彰奖励。

所以在明朝清朝，凡是那些典型的例子，比如说一辈子守寡，或者进一步能将遗孤培养上科举仕途，那么官府都要出面为她建牌坊加以表彰。到了清朝后期，有个学者叫汪士铎，提出了更为严厉的法律建议：男人如果已经有了孩子还续弦，或者女人有了孩子再改嫁，皆斩，且立即执行。虽然汪士铎的建议最终并未被采纳，但大家想想看为什么从宋朝开始对寡妇要求那么严格，并能一直持续到清朝，原因就在于这个时代的人口背景。

到北宋末年，人口规模已经突破了1亿，明朝人口突破了2亿，到清朝人口最多为4.3亿，这种情况下根本不需要，甚至不希望再通过再婚来繁衍人口，寡妇若不改嫁，就可以减少生育，消除人口的压力。现实需求往往会跟精神文化现象结合，通过让女人守节来限制寡妇改嫁，以达到适度减少人口的目的。也正是因为这样，当时并非所有寡妇都不能改嫁，实际情况根据不同阶层、不同地域也有所不同。

比如上层大族为了维护门风族规，大多禁止寡妇改嫁，或者隐瞒改嫁情况。防止传出去败坏门风，影响自己家族的社会声誉，即使改嫁也要偷偷摸摸的。但是另一些情况就不一样了，首先有些家庭为了争夺寡妇的财产，甚至会逼她改嫁，如果寡妇留在家族中，特别是已经有了子嗣的寡妇，是有权利继承家产的，而如果令其成功改嫁的话，寡妇就自动退出了财产继承的行列。其次，战乱时期为了生存，繁文缛节就少了很多。同样是宋朝，李清照与丈夫赵明诚本来是身居上层社会的，但适逢靖康之乱，逃难的过程中赵明诚去世，李清照一个人到了南方后便改嫁了，不然她该如何生存呢？

民间的改嫁情况更是从现实出发，实际上并不那么严格。前文提到朝廷为了表彰而设立的贞节牌坊，之所以如此隆重正是因为能够做到守节的是少数，所以才要表彰。而有些人物自己却并不忌讳世俗的眼光，宋朝官至宰相的范仲淹，其母就曾改嫁过，范仲淹祖籍本为苏州，随其母亲改嫁而来到山东青州，并生活在继父朱氏家中，这种现象在当时必不少见。尽管宋朝一直提倡守贞守节，但实际社会上的改嫁情况还是大量存在的。大力倡导表彰的只能证明它是社会的需求，是稀缺的典型。所以要看寡妇是否改嫁，主要的着眼点还是当时社会的人口需求。我们要想了解中国的人口历史，不仅要了解那些正史记载的，还要了解许多往往不便于记载的实际情况，两相结合才能探寻出历史的真相。

早婚在古代是普遍现象吗

前文我们已经论证过一妻多妾制对人口发展起到的消极影响，大家如果再从电视剧中看到妻妾成群的故事就要意识到，一方面是并非所有古人都有这个条件，另一方面就是这种现象对历史上人口造成的不利影响。除了一妻多妾制之外，还有一种社会风气也不利于人口增长，这种风气就是早婚。

很多读者朋友会好奇，古代人是不是很早就结婚了？其实早婚现象在历史上很复杂，且并不普遍。

古代中国和世界上其他早期文明较为发达的国家地区一样，男女都面临着营养条件差、食物不充足的情况，这就导致性成熟的时间都会比较晚。《周礼》中有这样一条记载，"令男三十而娶，女二十而嫁"，也就是说当时理想的结婚年龄为男性三十岁，女性二十岁，这无论如何不能算早婚，特别是对于男性而言。关于这一点，班固在《白虎通义》中还有对这种现象更为具体的解释，"男三十，筋骨坚强，任为人父"，认为男性到三十岁时，方才筋骨强壮，有资格成为人父；"女二十，肌肤充盈，任为人母"，认为女性到二十岁时方才肌体康健，有资格成为人母。随着时代的发展，性成熟的时间才慢慢提前，到了《孔子家语》出现时（现在一般认为《孔子家语》成书于汉朝或之后）所反映的当时社会的婚龄标准再一次提前，"男子二十而冠，有为人父之端"，"女子十五许嫁，有适人之道"，即女人十五岁，男人二十岁为标准的结婚年龄。但学者如此倡导，并不意味着当时的人们都能够在这个年龄进行婚配，因为结婚还需要其他条件。

墨子曾经这样说过："丈夫年二十，毋敢不处家。女子年十五，毋敢不事人，此圣王之法也。"意思是男性二十岁就应该成家了，女性十五岁就应该去嫁人了，因为这是圣王制定的法律。但随后又说"圣王既没，于民次也。其欲早处家者，有所二十年处家。其欲晚处家者，有所四十年处家"，也就是说现在圣王死了，老百姓就不照做了。早一些的话二十岁就成家，晚一些的话还有四十岁才成家的。尽管墨子此言有夸张的成分，但也反映了当时的社会情况：尽管存在大众认为合适的结婚年龄，但并非所有人都做得到。细究下来，这里就有主观和客观两方面的原因。

从客观上讲，执政者都希望增加人口。而增加人口的前提是早婚，早婚才能早育。中国历史上除了在北周武帝、唐玄宗和北宋天圣年间出现过规定男子婚龄十五岁，女子婚龄十三岁的政策外，大多数的时间里还是将法定婚龄规定为男子十六岁，女子十四岁。论其原因的话，生理因素是主要原因。男十六，女十四作为最低的结婚年龄就成了历史的主流政策。

经济因素同样是影响早婚的一大要素。结婚需要财产是不言自明的，比如说卓文君与司马相如私奔，但双方都没有财产，所以两个人为了生存只得在成都市里开小吃店，"当垆卖酒"的典故由此而来。结果逼得卓文君之父卓王孙没有办法，只好承认二人的婚姻并且赠予了丰厚的嫁妆——佣百人，钱百万。

但这只是富豪家庭的情况，同时也存在着大量结不起婚的普通人。《汉书·王吉传》记载了大臣王吉对当时社会现象的评述，"聘妻送女亡节，则贫人不及"。意思就是当时娶妻嫁女花费无度，穷人凑不起这些钱，结不了婚。那么当时结婚大概需要多少钱呢？东汉的李固写了一篇文章《助展允婚教》，讲到一个叫展允的议曹史，他因为没有钱结婚便求助同人集资，凑了两三万钱办了一个比较简洁的婚礼。这两三万钱大概估算一下，相当于当时五口之家吃五年粮食的钱。而议曹史大概相当于现代县政府的科长，连这样职位的人结婚都困难，就更别说普通百姓了。另外，婚姻讲求门当户对，前文也提到过像明朝的一些远支宗室和富裕家庭，在财力上可能并不匮乏，但找不到门当户对的门第，最终导致女子嫁不出去，男子娶不了妻。

战乱同样是不可回避的因素之一，比如在西晋咸宁元年（275），刚经过三国战乱后人口凋敝，大量将士还未娶亲，晋朝政府便实行奖励人口的政策：如果家里生五个女孩子，就给予免除劳役的优待。越是奖励多生女孩，越是说明军中将士难以婚配。白居易有一首诗这样写道，"三十男有室，二十女有归。近代多离乱，婚姻多过期"。也就是说按古代最低标准，男人应当三十岁娶亲，女人应当二十岁出嫁，但是现在因为战乱，百姓流离失所，所以结婚时多超过这个年龄。古代理想的结婚年龄本来就算是较晚的，但是在白居易的时代连这个标准都超过了。杜甫诗中的情况更严重，"夔州处女发半华，四十五十无夫家"——在夔州有些女人头发已经白了一半，四五十岁还未嫁人，情况的严重性可见一斑。虽然诗中只记载了夔州，行文或许也有所夸张，但可据此推测，当时很多妇女到中年还没结婚。

另外一个影响婚龄的原因前文也提到过，就是古代的劳役和兵役问题。这两种徭役负担极重，很多人在服役期间就去世了，女方还等着出嫁，男方服役无归的现象比比皆是。唐诗有云"可怜无定河边骨，犹是春闺梦里人"，男人已经去世许久，未婚妻却还在梦里夜夜盼归。在这种劳役和兵役普遍的社会状态下，相当一部分妇女也没有办法及时婚配。

一些特殊事件也会导致婚期的延后，较典型的例子就是国君、长辈、夫君的丧期内禁止婚嫁。国君的丧期一年到三年不等，在此期间全国禁止婚嫁。汉文帝时一度取消此禁令，但很多皇帝还是沿用了下来。父母的丧期内同样要停止嫁娶活动，唐代法律规定"诸居父母及夫丧而嫁娶者，徒三年，妾减三等。各离之"。意思就是父母丧期内娶亲和出嫁者要处以三年徒刑，正妻判处三年，妾室刑期减三等，但还要"各离之"，即判处离婚；"诸祖父母、父母被囚禁而嫁娶者，死罪，徒一年半；流罪，减一等；徒罪，杖一百"——父母、祖父母被关进监牢期间，子女嫁娶的话也要判刑，长辈如果被判死刑，婚嫁的子女则处以一年半徒刑，如果长辈被判流放，婚嫁的子女则罪减一等，如果长辈被判徒罪的，婚嫁的子女则处以一百下杖责。所以严格来讲，古人在父母丧期不能结婚，如果父母或祖父母被抓了也不能结婚，如果赶上家里丧事接连不断那就更有得等了。

到明朝弘治二年（1489）又出现了这样的法律"令有讦告服内成婚者，如亲病已危，从尊长主婚，招婿纳妇，罪止坐主婚，免离异。若亲死，虽未成服，辄婚配，仍依律断离异"。意思就是中国民间有这样的习俗，有的父母病危了便让子女结婚冲喜，但这是非法的。如果亲人已经病危了，子女遵照父母长辈的意思结婚者可以不离婚，但要处分主张者。但是如果"冲喜"失败，亲人还是去世了，成婚的子女就要依律离婚。可以看到，这些法律都在实际上限制了婚期。综合下来看，早婚其实并不是那么容易的事情，虽然和今天的情况比起来，古人结婚相对要早很多，但绝不能说大多数古人都是早婚的。

最后要讲到的一点就是宗教因素。中国历史上宗教对人口生育的影响并不小。南北朝时期僧侣遍天下，后来的藏传佛教也深刻地影响了西藏与内蒙古的人口增长，这两个地方有很多人从年轻时就要出家做喇嘛，不但不能早婚，甚至正常婚姻都未必能进行。西藏部分地区在历史上甚至有一妻多夫的现象，原因何在呢？一方面性别比不平衡，男多女少；另一方面就是，如果她的几个丈夫需要轮流在外当喇嘛或当差，真正能在家陪伴的也往往只有一个丈夫。在这样的制度环境下，自然谈不上普遍的早婚。各地还有一些特殊的习俗，《汉书》中记载山东齐地在齐桓公时期，因为齐襄公淫乱，便形成了姑姊妹不嫁的风俗：

始桓公兄襄公淫乱，姑姊妹不嫁，于是令国中民家长女不得嫁，名曰"巫儿"，为家主祠。嫁者不利其家，民至今以为俗。

　　齐桓公下令，齐国百姓家中的长女不许出嫁，她们被叫作"巫儿"，如果出嫁则会对家庭不利，直到汉朝，这个习俗还在当地保留，也就是说如果家中有两个女儿，大女儿不但不能早婚，连出嫁都不许。

　　有些特殊的早婚虽然早，但是对生育是毫无意义的。一种是政治婚姻，比如汉昭帝八岁时迎娶了六岁的上官皇后，汉昭帝到死的时候依然是没有后代的。再比如王莽的女儿九岁时便做了汉平帝的皇后，这样的早婚并不会带来人口增长。此外还有旧社会一直有的童婚、童养媳，更不必提指腹为婚这种形式的"早婚"，除非是同性别的结为兄弟或姐妹，否则从理论上讲，双方一生下来便已经固定了婚姻关系，这类形形色色的早婚对人口增长是毫无意义的。

　　总而言之，尽管从理论上讲，法定的婚龄是很早，但实际上古人并不是都可以早婚的，也不是普遍都能早婚的。

古人真的有二三十个兄弟姐妹吗

　　大家平时看小说、影视剧的时候，总会产生一种古人家家户户子孙满堂，兄弟姐妹多得不得了的感觉。那么真实情况是这样吗？首先我们不否认这种现象的存在。相传，明朝郡王庆成王朱济炫生下了一百个儿子，即使真的如此，这种例子也是个别的。如果是个例的话，为什么我们经常会看到古人的名字中有很多数字呢？比如我们在唐诗里面会看到诸如元十八、李二十之类的名字，是不是元家和李家生了二十多个孩子呢？又比如直到今天，还有很多老一辈的人互相称呼"九哥""八妹""十二弟"。其实这些排名涉及一个家庭类型的问题。

　　在一个共同的祖父之下衍生出多支子辈和孙辈，名字中的数字并不代表小家庭内部的排序，而是大家族中的排序。像"元十八"这种称谓，就代表了元家到这一代同辈中至少有十八个男丁。而从人口学的角度讲，这种大排行式的家族并不属于核心家庭类型，而是复合家庭类型。什么是核心家庭呢？即一对夫妻加上他们未成年的子女。这里需要注意的是子女一定是未成年的，因为成年子女就开始组建自己的家庭了，这种类型就是核心家庭。

一般来说，人口学意义上的"家庭"是指核心家庭，因为核心家庭存在着固定标准。核心家庭概念以外的家庭被称为复合家庭，其含义就是由一个以上的核心家庭共同组成，或者在一个核心家庭的基础上加上其他成员，比如一对夫妻加上他们的父母，或者两对夫妻加上一个老人。前面讲的类似于元十八、李二十可能是数个核心家庭结合在一起，这就是复合家庭。此外还有一些核心家庭会加上其他的成员，比如侄儿或外甥，或者已经结婚的子女及其配偶，这些情况同样属于复合家庭。综合来说，我们不以复合家庭统计人口现状为指标，因为这种情况多且复杂。所以无论是从古书中或是现实中看到的那些大排行，都不能证明当时核心家庭的规模大，也并不代表当时人口增长快或是生育率高，这两者的指标一定要用核心家庭来计算。

举一个最典型的例子，看过《红楼梦》的朋友们都知道荣国府、宁国府人丁兴旺，像贾宝玉的同辈就有很多，这类就是典型的复合家庭。但如果说核心家庭的话，我们通过具体观察会发现，每个家庭的人其实并不多，而这两房贾氏都是由多个核心家庭组成的复合家庭。所以我们印象中古代或旧社会子孙满堂、人丁众多的大家庭，实际上往往是复合家庭。核心家庭不排除也有子女众多的，但是普遍来讲人口并不多。

那么接下来就涉及一个问题——户籍统计。前面已经提到人口学意义上的"家庭"，也就是"户籍"中的"户"，正常应该是以核心家庭来统计，但在古代却存在着大量的复合家庭，这是因为中国人往往不分家。因此中国历史上按户口统计总人口时也有不同的规格标准，这既出于现实的需要，也是同社会生产力各方面相适应的。

一般我们讨论户口时有个说法，即中国的户口标准是五口之家。当我们回看历代的户口统计数字时，会发现在多数情况下家庭的规模是5人左右。战国时期李悝提到"一夫挟五口"，即一个人需供养五口之家。西汉的晁错也说过"今农夫五口之家"。我国现存最早的全国性人口统计数字为西汉元始二年的户口数，平均下来为一户4.67人，到隋朝大业五年（609）统计每户人口为5.17人，元朝至元二十八年（1291）统计为每户4.46人，明朝洪武十四年的统计数为每户5.62人。而根据清朝宣统三年的全国性人口调查，每户人口在5.17～5.45之间，大体上在5这个数值左右。那么这基本意味着中国的核心家庭在实际上都达不到5人的这个规模，原因就在于统计的这些户口类型中相当一部分不是核心家庭，而是加上了老人和未分家成员组成的复合家庭。如果核心家庭人口介于4～5之间的话，那么就证明当时的出生率是不高的，因为这代表着核心家庭中夫妻平均生下的子女数在2～3之间，这样的出生率只是维持在一个正常的水平，但不能算高水平。

下面我们可以看一些具体的统计数据（见表5），也可以反映出这个情况来。

表5 明洪武四年和九年安徽绩溪县分职业户口登记情况

职业	洪武四年（1371）			洪武九年（1376）		
	户	口	户均口数	户	口	户均口数
军	386	2925	7.58	547	3845	7.03
匠	262	1675	6.39	285	1794	6.29
民	9074	36 588	4.03	9045	36 629	4.05
儒	36	146	4.06	36	146	4.06
佛	25	76	3.04	25	63	2.52
道	4	4	1.00	4	6	1.50
合计	9787	41 414	4.23	9942	42 483	4.27

这是明朝洪武四年（1371）与洪武九年（1376）安徽绩溪县分职业户口登记的情况。第一种是军户，军户的户均口数这两个年份分别为7.58和7.03，其口数偏高的原因就在于军户往往不是一个核心家庭，有些长官甚至会把部下登记在内，军户实际上不是一个家庭，而是一个户籍登记单位。再来看以工匠为主的匠户家庭，户均口数同样达到了6.39和6.29这样较高的数值，原因就在于很多工匠把学徒、帮工也一起算在自己的家庭之中，这一类同样也不算核心家庭。但上表中，民户的数据为4.03和4.05，略高于4。原因就在于民户中大多数是核心家庭，而且洪武初年刚刚平息战乱，国家初定，在这种情况下每户规模不大。而到了佛、道这里就更低了，毕竟和尚和道士是不会组建核心家庭的。这种在精确调查统计下得出的数值，是很符合真实的户口类型口数的，也证明了复合家庭的口数才有可能

超过5，而核心家庭的平均口数绝对是低于5的。那么既然这样，为什么户口人数的数值还会出现一些异常波动，原因就在于户口统计的主要目的——征收赋税、征发徭役。

从这个角度来看，统治者必然希望社会都由小家庭组成。如果本来的两户人家合并成一户，那么以户为单位所征的税就变少了。因此从战国开始，各种制度与改革的目的都是要尽量使社会保持小家庭状态。商鞅变法中就有这样一条规定，"民有二男以上不分异者，倍其赋"。意思就是如果一个家庭有两个或者两个以上的儿子，子嗣成年后必须脱离家庭，自立门户，否则就要对原家庭加倍征税。而对于脱离家庭的男子来说，势必要组建新的家庭，对以户为单位征收税赋的统治者来说这自然是有利可图的。西汉时，贾谊进一步研究了秦国当时的社会状况，"故秦人家富子壮则出分，家贫子壮则出赘"。意思就是孩子大了则要分家，富裕的家庭就让儿子出户，结婚分家，贫穷的家庭则让儿子入赘别家，这也算自立门户。秦汉时以户来征收赋税是主流，统治者都力图保持社会上的小家庭状态，而在分封赐户时，户越小对中央政府也越有利。

也正是因为户口往往与赋税结合在一起，作为被征税的对象，平民也千方百计地规避小户状态，规避的办法便是想办法变成一个大户。关于分户这件事由此也变成统治者和民众之间的博弈，统治者希望户分得越多越好；被统治者，也就是被征收税赋的人自然要想办法并户。这就是我们看到为什么各朝代都会出现一些异常的情况，有些地方甚至出现每一户最多有二十几口，这种非但不是核心家庭，甚至也谈不上复合家庭，实际上是很多小家庭投靠了拥有特权的大户以求免除赋役，而大户收受了好处之后也就在名义上把小户纳入了自己的家庭中。还有些核心家庭联合起来变成一户复合家庭，大家都能减轻负担。

在看到这些情况后我们就要明白，从人口学上讲，只有核心家庭的规模才与出生率和人口增长率有密切关系。一些人丁多到畸形的大户，必然不会是核心家庭，甚至往往连家庭都不是，一般来说我们可以直接称之为赋税单位，实际属于利益集团。当然也存在另一个极端，如果户均口数太少，也不能代表实际人口。如宋朝时甚至出现了每户平均人口只有一点几、二点几的情况，这同样不是真实的家庭人口，所以不要被史料上的那些假象所迷惑，这样我们才能够了解当时人口增长的真正特点，才能掌握这些历史事实。

家谱中记载的祖先可信吗

作为现代人的我们常会有这样的追问——我们的根在哪里？我是从哪里来的？这种时候大家都会先去看看自己的籍贯，但籍贯一般只能追溯较近的时间，想探寻祖先到底从何而来、祖先是谁，就需要查家谱了。但经常出现的一个问题就是，许多家谱追溯到源头会发现祖先都是了不得的帝王将相、哲人先贤，这样的家谱真的可信吗？如果情况属实，那么古代的普通人大概都已经断子绝孙了。

想探知家谱记载是否可信，我们就要从修家谱的目的出发来思考。为什么要修家谱？一般来说，世家大族会通过修家谱的方式彰显自己家族兴旺发达、源远流长，进而告慰祖宗，使其知晓后人地位显赫。所以后人在修家谱时，总会倾向于寻找当时有影响力，堪为典范的始祖。如果始祖确实只是一介布衣，那么修家谱时就要说他当年筚路蓝缕，披荆斩棘地开创基业，才能够有后人的今天。

而在追溯祖先时，不可避免地要证明从第一代人到目前这一代人的迁移过程。比如我曾在广西遇到一位少数民族聚居区的老人，声称自己是汉人的后代，那么汉人的后代怎么会定居在这里呢？他自然要留下一个故事：宋朝时狄青南下征蛮，立功回朝后，手下有的军官就此留下。这样一来就把自己的祖先跟中原联系起来了，如果没有这个过程就没法证明自己和"中原祖先"的关系。而最初迁居至家族本地的祖先，家族中称之为"始迁祖"。

　　家谱中另一件至关重要的事，就是论资排辈，否则就会发生辈分混乱。为了确定辈分，以前同家族的同辈人的姓名往往要有一个固定的字，方便家族内人员辨认自己与他人间的辈分关系。大家可以设想一下，如果说第一代人的长子和幼子间年龄相差还有限，那么几代人以后，这个差距越来越大，就无法通过年龄来确定辈分。以前有句话叫"摇篮里的太公"——摇篮里的小孩其实是你的太公，如果只看年龄而叫错了辈分，那麻烦就大了。因此修家谱时往往要规定好每个辈分中的固定字。一些自古流传下来的大家族，比如孔家、孟家、曾家、颜家在很早以前就确定好了后代各辈的名字。有些家族的固定字比较简单，比如明朝俞大猷所在的绍兴俞家就是十个字一循环，到了近代又涌现出俞大维、俞大绂、俞大绚、俞大纲等大字辈的名人。

　　一般来说，家族本地的始迁祖的身份较为可信，因为其上溯的时间相对比较短，但若继续往上追溯就未必可信了，常会出现后人攀附祖先的现象。以湖广填四川为例，各家谱中记载的始迁祖一般比较可靠，因为入川后的家族流变是有迹可循的。不过继续追溯入川前的祖先往往就不是很可靠了。还有些家谱在修纂时存在着特殊目的，比如改变民族成分以得到汉族的认同。许多少数民族，尤其是南方少数民族的家族，在获取一定的经济地位和社会地位，如中举做官后，就开始修家谱了。这一类少数民族在修家谱时，经常会攀附到中原的某个大家族或历史上的某个名人。还有一种情况，如果自己的祖先名声不好，就会在修家谱时与其隔断关系。宋朝之后许多秦姓家族明明是秦桧的后代，但都不承认，而将自己攀附为文人秦观的后代。上述这些情况属于人之常情，可以理解，但当我们做研究涉及具体史实的时候就要清晰地认识到，古人修家谱时为了种种目的，往往会编造一段实际上并不存在的迁移过程。

如果和"祖先"不同姓的话，同样有编造附会的办法。比如在司马迁的故乡陕西韩城，现在有些家族自称是司马迁的后代。根据我的初步分析，他们实际上是羌族而并非汉族。他们攀附到司马迁这一脉是依据这样一个故事：晋朝皇室司马氏就是司马迁的后人，晋朝灭亡后为了避免遭到迫害而改名换姓。这个故事根本不合逻辑，司马氏的灭亡是由南朝的刘裕一手主导的，并不会影响到关中的司马家支脉，即便真是如此，等到刘宋灭亡后也完全可以恢复司马姓。实际上，南北朝时期有很多东晋的宗室成员逃到北方避难，甚至在北魏位极人臣、分封爵位，根本不需要改名换姓，因此这类故事很难经得起推敲。还有些家族会去附会一些民间传说，目的就是即便不同姓，也要通过编故事的方式攀上血缘关系。总而言之，在研究移民问题时如果要真正找到移民者的根源所在，不能简单地根据家谱记录就予以认定。

不可否认，全国很多地方都会有当地民众所认同的一个祖宗源头，最有名的便是南雄珠玑巷、麻城孝感乡、洪洞大槐树、江西瓦屑坝、苏州阊门外、山东枣林庄等。

很多广东人都会自称祖上是南雄珠玑巷的移民，甚至还为此成立了珠玑巷后裔联谊会。其实关于珠玑巷移民的传说在很多细节方面都有夸大之嫌。首先，南雄移民人口众多，不可能全部来自珠玑巷。其次，珠玑巷后人自称当年巷里有一位胡姓女子，是南宋皇帝的妃嫔，后来全巷人害怕贾似道株连迫害而集体迁离，即所谓"胡妃之乱"。再就是，很多人自称祖上在唐朝任官，但官职名称、相关的地名，根本无法在唐朝史料中找到对应，综合来看整个故事也是经不起推敲的。那这类事情该如何理解呢，我认为这其实是一种情感的寄托。

四川麻城孝感乡的移民故事的确比较符合史实，但是当初湖广填四川的移民不可能只源自孝感乡。事实证明，大规模的移民都是一种普遍运动，迁出地不会局限于一个小地方。与之类似的还有北方很多人都自称来自洪洞大槐树，实际上研究下来会发现，当时山西各地的移民非常普遍，并非只有洪洞一地，更不会都集中在大槐树。后来有人解释说洪洞大槐树是一个集散地，移民在此集合后迁往他处。这种说法同样不合逻辑，按道理来说，山西大同的移民直接迁往华北一带会更近，他们又为何要跟随洪洞移民先往更南的地区呢？更何况很多山西人原本就在靠近河南的一侧，又有什么必要先前往大槐树去会合呢？与之类似的还有许多苏北人自称是苏州移民的后代，特别强调是来自苏州阊门外。实际根据调查来自苏州的移民只占了一小部分，更多的是来自江苏各地。江西瓦屑坝、山东枣林庄的移民情况也大抵如此。

今天我们该如何理解移民对认祖归宗的执着？从本质上说，这是一种从众心理。早期移民大多是贫苦百姓，文化水平有限，所以他们保留的记忆很简单，往往没有具体的地点和时间，只知道是从一个大体的方向迁居过来。等到他们在他乡安居乐业，准备修家谱时，却发现找不到自己的祖先所在地了，这时如果乡里邻居都说自己来自洪洞大槐树，那便也默认自己来自大槐树了。即使有人记得自己的祖先所在地，为了融入大家便也跟着改口了。正是在这样一种从众心理的驱使下，很多标志性地点就成为移民之根。与其说这些地方是具体的地名，还不如说是一种文化符号，代表着这些移民对故乡，对祖先的认同、怀念与崇敬的情感。

为了美化这样的迁移，很多家谱会写上"奉旨迁移"或"奉旨分丁"，即遵从皇命所进行的移民。实际在帝制时代，皇帝或朝廷根本不可能就具体的移民颁诏书发命令。总而言之，我们要明白家谱中所记载的祖宗源头并不一定是真正的迁出地，而是反映了移民后代的文化心理以及自我认同。

民族篇

长期与中原王朝对峙的游牧民族
究竟有多少人口

在之前的内容中，我们已经了解到汉族或中原王朝的基本人口数，但直到清朝统计人口的时候，很多边疆的游牧民族都还没有被纳入统计范围，那么这些或长期同中原王朝对峙，或在中原王朝统治下实行自治的游牧民族究竟有多少人，同样是一个不太好回答的问题。很多游牧民族自身并不统计人口，所留下的人口记录往往来自中原王朝的大概估计，而这种估量与实际的偏差很大，如有些汉族将领为了虚报战功而故意夸大了敌对民族的人数。但我们依然可以通过分析，确定一个游牧民族的大概人数。

我们能够确定的是，游牧民族的人口增长率普遍很低。第一个因素就在于地理环境的制约。蒙古高原、青藏高原和各山区一般是寒冷、干旱的高海拔地带，所起的消极影响不容忽视。即使是今天，很多人到青藏高原的拉萨依然有高原反应，而拉萨的海拔约3650米。更高的地方如古格王朝所在的阿里地区，平均海拔在4500米以上，甚至一些民族曾生活在海拔5000米左右的地区。

以现在的眼光来看，能够在这样的地方长期生活是由基因决定的，并不是说身强力壮就能够挑战地理环境。但同时，严酷的环境也导致了人均寿命的相对缩短。高海拔同时会导致干旱、气候多变和传染病等问题，比如蒙古高原曾是鼠疫频发的地区。

第二个不利于游牧民族人口增长的因素是他们的经济方式。很多游牧民族从事牧业、采集或狩猎，还有些游牧民族擅长长途经商，无论哪一种，都不利于人口的稳定增长。丝绸之路固然浪漫，但在古代的恶劣环境下，商旅人员损失是极其普遍的。长途商贸是一件高机遇与高风险并存的事。而这样的生产方式，抗灾能力也十分有限，历史上记载了匈奴遭遇暴风雪，牲畜死伤无数。在这样一种经济方式下，人口增长率本身就是比较低的。

制约游牧民族人口增长的第三个因素在于他们的生活方式。众所周知，游牧民族以肉、乳类食品为主，但通常情况下肉的供应量是不足的，我们不要想当然地以为游牧民族的生活都是"大块吃肉，大碗喝酒"，实际上，以蒙古族为例，古代底层牧民养的羊大多是要变卖的，自己舍不得吃，虽然食物以肉、乳类为主，但供应不足却是普遍现象，原因就在于其生产力低下。同时，蔬菜水果极度匮乏和饮酒量大也是健康问题的来源。1982年，我曾到帕米尔高原访问，当问到当地人生活中最需要的东西时，他们回答说白酒和茶，所谓"一天不喝酒，人就晕乎乎；一天不喝茶，人就不舒服"。根据现在我们做的一些抽样调查，发现在这种生活方式下，人口的身体素质并不算好，心血管类的疾病较多，人均寿命就比较低。

第四个影响游牧民族人口增长的因素就是居住条件。虽然现在各民族都走向了定居，但在历史上，游牧民族帐居和穴居情况是很普遍的。古格王朝的遗址中发现了大量的山洞穴居痕迹。在居住条件差的同时，保暖与医疗卫生也成了问题。西藏在历史上缺乏充足的燃料，相对富裕的地区，如拉萨还有烧干的牛粪可以作为燃料，但如果再往北一些的地区就连牛粪都没有了，只能靠羊粪来烧火。可想而知当时的卫生医疗条件也好不到哪去，其结果就是人均寿命低。

历史上一些游牧民族的婚姻习俗和生育制度也影响了人口出生率。由于地理环境限制和交通条件较差，很多游牧民族通婚的半径很小，因此内婚制盛行，即族群内部通婚，这就造成了遗传病的增加和身体素质的下降。还有很多生育方面的陋习，比如杀掉第一个出生的孩子，比如有些民族生下孩子要放在外面三天，由自然决定生死，实际原因就是这些民族生产力有限，能养活的人口也有限，从而形成了一种自然淘汰，但是客观上造成了自己民族的人口数量减少。很多此类习俗从人类学的角度来说，是人类应对生存的一种自我选择。

正是因为这些因素，历史上大多数游牧民族都非常重视增加自身的人口。比如匈奴就曾不择手段地增加人口，或者主动掳掠，或者等待对方投奔，即使投奔者背负着匈奴人的血债，匈奴人也会一概接纳。前提就是要求新附人口马上结婚生子，为本民族增加人口。最有名的一个例子就是张骞出使西域途中被匈奴俘虏，匈奴单于自然知道张骞的目的有损于匈奴利益，但他仍然没有杀掉张骞，而是将一个匈奴女人许配给他，而张骞在羁留匈奴的岁月里也的确娶妻生子了。苏武也是同样的际遇，在匈奴扣留期间娶妻生子，而苏武归汉后，其子留在了匈奴。后来苏武与原配的汉人儿子犯了死罪，汉宣帝怜悯苏武老迈且有功于国，不忍其绝后，就询问苏武羁留匈奴期间是否有儿子，在得到肯定的答复后，汉宣帝特地批准苏武将儿子赎回，并继承苏武爵位。

很多游牧民族形成了类似于"父妻子继""兄死娶嫂"之类的习俗。王昭君和亲嫁给了匈奴的呼韩邪单于并生了儿子，呼韩邪去世后，依照匈奴的习俗，她必须嫁给新任单于，即呼韩邪与其他妻子所生的儿子。这种事在汉朝看来简直是不可理喻的乱伦行为，但在匈奴人眼中，这是保障族群繁衍的正常行为，由此可见游牧民族对人口增长的渴求程度，以及现实中人口增长的困难程度。所以若要我们现在来估计历史上的游牧民族到底有多少人口，其实际数据往往比我们历史中的记载要低得多。

汉朝建立西域都护府后，要求治下各属国上报户口。西域都护府的管辖范围是今天的整个新疆，再包括巴尔喀什湖和帕米尔高原以东的地区，大约200万平方公里。当时的统计是各属国共计126万人，其中大概有一半是在今天的国境内，所以据估计，新疆地区在西汉末年大概有60万人口。

其他民族的人口又有多少呢？关于匈奴，历史上出现过很多夸张的记载，但有一个数字比较可靠，说匈奴强盛时期拥有"控弦之士三十万"，虽然仍有夸张，但大概可以推测出，匈奴在西汉时人口总数为五六十万人。再说到唐朝时期的吐蕃，这是与唐朝并立的游牧民族政权，虽然有文成公主与松赞干布和亲的友好邦交，但也经常发生战争。吐蕃最强大时除青藏高原外，还占据了大半个新疆，包括河西走廊在内的大部分甘肃地区，以及陕西西部、四川西部、云南西北。这些曾经被吐蕃占据的土地据估计在唐朝时人口达400万，其中，吐蕃人估计在100万人左右。唐朝中后期，南诏在云南崛起，其统治的人口估计有100万，但其中南诏及其他各族的人口大概也不过几十万。

总而言之，历史上那些包含游牧民族在内的各少数民族由于特殊的条件，在低出生率、高死亡率的基础上，人口增长率总体来说是比较低的，因此实际的人口并不是很多。唐朝时期，占据整个蒙古高原的东突厥人口约为50万，西突厥虽然范围很大，但人口的流动性很强，估计为二三十万。宋朝时期辽国尽管有几百万人口，但是其中契丹族人口大概只有80万。唐朝时建立的渤海国，主要民族为高句丽人和靺鞨人，人口估计为50万。与宋朝长年对峙的西夏国人口估计为300万，但是其中大量是被统治的汉人，真正的党项人并不多。元朝将西藏正式纳入中国版图，较为可惜的是元朝对西藏人口的统计数字没有流传下来，据估计，此时的藏族人口大概是60万，所以一些境外势力造谣说元朝时西藏有上千万人，比1953年人口普查时的西藏人口还多，这就是一种完全不了解历史的谎言。

满人入关的时候已经建立了完备的八旗制度，除满洲八旗外还有汉军八旗，比如曹雪芹的祖上就隶属于汉军八旗。关于清朝的影视剧中总有大臣上奏时自称"奴才"，但历史上只有满族大臣才有资格自称为"奴才"，汉臣是没有这个资格的。当时有资格自称"奴才"编入八旗的满族人，在入关时大概有100万人，其中还包括了蒙古人与早期内附的汉族人。到了清朝宣统年间进行全国第一次人口普查的时候，根据当时的数据估计，西藏、青海、外蒙古、厄鲁特蒙古、热河、察哈尔、绥远，还有四川和云南边区，这些地区总人口大约300万人。所以我们回顾人口史可以发现，中国所有的少数民族都是到了近代，特别是1949年以后，人口才迅速地增加，而在漫长的历史上则始终停留在一个较低的水平上。

但这样大家同样会有疑惑，为什么很多游牧民族人口稀少，却有那么强的战斗力呢？甚至像满族这种能够以100万人的体量掀翻了人口达2亿的明朝。具体来说，他们的战斗力与生存方式息息相关。

第一点原因，对于游牧民族来说，马起到了至关重要的战斗作用。马从被高加索人驯化后到传入中国有两条线路，一条是经过阿尔泰山和蒙古高原，另一条是穿过河西走廊，但驯化的马在进入中原后，更多的是起了运输作用。春秋战国时期即使将马投入战场，也还是主要运用于车战。但是马匹在传入蒙古高原后，当地民族则更熟练地学会了骑乘并代代相传，同时还能够进行骑射。中原地区在赵武灵王推广胡服骑射后，骑兵也逐渐取代了战车。相较于农耕民族的步兵，游牧民族的骑兵部队拥有更强的机动性和突击性，且适合长途作战，常常能够集中优势兵力攻击一点来突破防守，撤退时步兵又难以追击。

第二点原因，游牧民族虽然人口数量少，但往往实行军民合一、全民皆兵的制度。以金朝为例，所实行的猛安谋克制度便是一种平时生产、战时出征的制度，而且能够自给自足地保障后勤，虽然人口只有几十万，但除了个别老弱病残者之外，基本做到了全民皆兵。

第三点原因，游牧民族因为人力有限，后勤保障也就比较简单。在准备打仗前可以充分准备随身携带的干食，而汉族政权在出征前总要准备充足的后勤供应和转运人力。同时游牧民族在入侵作战时，总能够取粮于敌，对比下来自然显得战斗力强了。

第四点原因，大多数游牧民族的生存条件艰苦，往往以迁徙来求得生存，而迁徙的过程中，常常为了争夺有限的草场和土地而进行角逐与厮杀，在竞争中胜出的民族则势必拥有强悍的战斗力。一方面，他们往往呈现出战斗力很强的特点，所征服的人口远远超出本民族人口。但另一方面，他们定居后极易被当地民族所同化，最终慢慢消融。

匈奴、鲜卑、契丹今何在

在上一章中，我们说过中国历史上很多游牧民族虽然有很强的战斗力，但他们本身人数并不多，征服某地定居以后，极易被当地民族同化，最终好像都消失了。比如历史上影响很大的匈奴，但今天已然没有了匈奴人的痕迹。同样地，鲜卑、契丹、女真等民族也都不复存在了。有些民族虽然还在，但或是所剩人口不多，或是离开了原先的居住地。那么，这些游牧民族是否真的消失在了历史长河中呢？

关于这个问题，就需要从具体的历史进程中来观察了。首先我们来说匈奴。匈奴的确有很多人被迁入汉族地区了，比如说在西汉期间，统计有十多万匈奴人或是主动投降内附，或是被俘虏，总之他们被迁入汉朝境内，有些被集中安置，有些则被分散安置，最终基本融入汉族了。特别是那些分散的匈奴人，有的还得到了汉朝的重用，譬如说匈奴休屠王之子金日磾，休屠王因不肯投降而被杀，作为敌酋之子和俘虏，金日磾来到汉朝后被罚养马，直到被汉武帝发现并且一步步得到宠幸，甚至汉武帝临死前还将太子托孤于他，但金日磾以自己是匈奴人身份推让。最终，汉武帝虽然主要托孤于霍光，但金日磾仍作为四位顾命大臣之一接受了托孤的重任。后来其他三位大臣中桑弘羊被杀，上官桀自杀，霍光虽得善终，但他死后霍家被灭族，只有金日磾家族得以一直延续。到了东汉的时候，北匈奴集体西迁，南匈奴则内附于汉朝，被安置在今天甘肃、宁夏、内蒙古、陕西、山西的北部，并进一步内迁。到了东汉末年，大多数内附的匈奴人已经聚集在今天山西和陕西的北部了，其中的一部分甚至连生产方式都从游牧转为农耕了，已经完全融入汉族。而当初的北匈奴则不断西迁。这里需要注意的是，匈奴西迁的时间是很长的，因为他们并没有明确的目标，不是一定要迁到欧洲不可，而是哪里有合适的居住条件就暂时定居，待不下去后再继续西迁。公元91年至160年，匈奴大概迁到了悦般（古西域国名，约在今新疆维吾尔自治区库车一带），160年至260年迁到了康居（古西域国名，约在今巴尔喀什湖和咸海之间），260年至350年迁居到了粟特（古西域国名，约在今中亚阿姆河与锡尔河一带），这实际是一个一边迁徙一边定居的过程，在这个过程中，匈奴实质上已经结合了一部分沿途民族。最后在350年到374年，匈奴迁到了阿兰（古西域国名，在康居西北，今咸海、里海北部草原），并从此失去了记载，直到匈人出现在欧洲的土地上，所以匈奴在迁到欧洲时，已经不再是纯种匈奴了，因为这个迁徙的时间持续了数百年。所以欧洲人记载的匈奴民族已经不再是最初的那个匈奴了，而是被称作"匈人"，而匈人也最终融进了当地民族。

当初，内附在山西和陕西北部的南匈奴后来分成了五部，在西晋末年，匈奴首领刘渊自称为汉王，他的目的便是借助汉朝的余威来巩固自己的正统性。而他在即位后也开始祭祀汉武帝、刘备、刘禅。308年，刘渊称帝并迁都平阳，即今天的山西临汾。318年刘曜继承帝位并迁都长安，国号改成赵，我们称为前赵或汉赵，直至329年灭亡，余众被后赵君主石勒迁到襄国，也就是今天的河北邢台。

到北魏道武帝时期，匈奴人仍占据着庙堂上的一席之地，但他们此时都已经用汉姓了，尤其是刘姓。如道武帝的皇后刘后，西兖州刺史刘仁之，河西胡酋刘遮、刘平延，唐朝时期彭山王刘季真、宰相刘崇望、邢国公刘政会、平原公刘感、高僧刘宰和，等等。上述名人因为地位显赫，所以才能确定其匈奴人身份，但大部分普通匈奴人改了汉姓以后便销声匿迹，自此大家渐渐地找不到明显的匈奴人后代，其实他们最终都融进了汉族。

其他游牧民族"消失"的原理大同小异。譬如说鲜卑的独孤氏跟匈奴刘氏同源，因为独孤氏也有匈奴人的血统，其中就包括著名的隋朝独孤皇后。到了后来，独孤氏也改姓为刘。那么其余的鲜卑人呢？我们知道北魏孝文帝南迁到洛阳，而鲜卑人大多数也跟随南迁了，南迁以后皇室带头跟汉族通婚，孝文帝规定汉族中的四个大家族将自家女孩作为妃子送入宫中，还要求自己的兄弟重新跟汉族的名门望族通婚，这样一来鲜卑族血统便开始稀释。同时，孝文帝要求鲜卑人改姓——皇家的拓跋改姓元，纥骨改姓胡，普改姓周，拓跋改姓长孙，达奚改姓奚，伊娄改姓伊，丘敦改姓丘，乙旃改姓叔孙，穆丘陵改姓穆，步六孤改姓陆。在一系列的改姓、易服、通婚的改革下，鲜卑族逐渐融入了汉族，他们的籍贯也都改为了河南洛阳，与故乡的血脉连接就此中断。到唐朝时，鲜卑这个称呼逐渐消失，但仍有很多名人，譬如唐朝的神童元希声、北门学士元万顷、名士元德秀、学者元行冲，诗人中较为有名的元结和元稹，一直到金朝、蒙古国时期的诗人元好问，这些元姓名人都是鲜卑的后代，这也说明鲜卑人绝大多数已经融入汉族中。

关于契丹人的去向，在辽国被金国灭亡后，余下的宗室成员在耶律大石的率领下，从今天内蒙古的中部开始西征。1130年，耶律大石收回了西州回鹘，然后又发起了对喀喇汗王朝的征服，最终收编其治下各部落。1132年，耶律大石即帝位，历史上称其国家为西辽，而这批远征军此后再也没有回来。1134年，耶律大石建都于八剌沙衮，也就是今天吉尔吉斯斯坦的托克马克东南地区，并改名为虎思斡耳朵。又出兵斡端（今新疆维吾尔自治区和田）、花剌子模（今乌兹别克斯坦、土库曼斯坦），至阿姆河下游，后融合于当地民族。

金朝击败辽国以后，契丹族人散布于整个北方。元朝建立之后，将北方的汉人、女真人和契丹人统称为"北人"，把南宋的汉人叫作"南人"，北人的地位比南人还要高一点。也正是在元朝时期，北方的契丹人已经同女真人、汉人融合在了一起。当然，也不乏一些具有名望的契丹人，比如辽太祖九世孙耶律楚材，深受成吉思汗信任并随军西征，窝阔台即汗位后任命其为中书令，位同宰相，而耶律楚材也对民族的融合起到了相当大的作用，他始终劝诫元朝统治者要重视汉人，也要重视农业，但大多数契丹族人基本就隐匿在民族融合的大环境下了。这也是当时北方游牧民族融进汉族的一个缩影。那么古代南方的各少数民族今天在哪里呢？我们下一章再讨论。

南蛮、百越今何在

前文已经讲述过历史上北方各游牧民族的存续问题——除了一部分迁往外地，其他基本上融入汉族。那么这一章我们就来讨论一下历史上南方各少数民族的去向。

关于南方少数民族的早期历史，比较常见的说法是从三苗到百越与蛮族。《魏书》对六朝时期的蛮族有这样的记载：

> 部落滋蔓，布于数州，东连寿春，西通上洛，北接汝颍，往往有焉……（十六国时）渐得北迁，陆浑以南，满于山谷。

三国时期蛮族部落遍布于中国大地，从寿春（今安徽寿县）到河南中部及汝南、颍川一带，几乎都有蛮族的分布。到十六国时期，天下大乱，各政权忙于战争无暇对这些民族进行管理，于是各族逐渐北迁，陆浑（今河南嵩县一带）以南的山谷中充斥着迁徙来的南方蛮族。大体来看，当时南方蛮族的主要聚集地就是今天的汉水及其支流流域、淮河上游，湖北、湖南山区。当然，如果用今天的民族学理论进行区分，所谓的南方诸蛮可能不止一个民族，但当时的汉族人并不了解，统统称其为蛮族。但这些蛮族以后都不见了。

所谓百越，虽然并不是指越人真的分为一百个部落，但也确实反映了越人部落众多，分布广泛。其中比较有名的有赣越（今江西）、东瓯（瓯越，今浙江南）、闽越（今福建）、西瓯（今广西）、骆越（今广西、云贵、越南）、南越（今广东）以及山越。山越分布极广，遍布今天浙江的南部、皖南、江西、福建，三国时期吴国曾大批俘获征召山越人，以补充军队和增加户口。

除了分布于南方之外，还有很多南方民族被强制迁移到外地。建元三年（前138），汉武帝将东瓯国举国内迁至江淮一带。约元狩元年（前122），又迁一部分东瓯人至河东（今山西西南）种稻。而最终这些东瓯人消失在了史料中，大概都融进了汉族。

元封元年（前110），汉武帝又将居于福建的闽越人迁到江淮之间，一度导致福建没有了户口。东汉时期，才由移民恢复出一个县治。而那些迁到江淮之间的越人最后也不见了，同样融入了当地人。

刚才提到的吴国曾将大量山越人迁出其聚居地以补充军队，而被编入军队的山越人也就同汉人无异了。同时，大批山越人被迁到平原地区生活，分散编入郡县管辖，最终同样融进了汉族。山中蛮族也有类似的情况。南朝宋雍州刺史刘道产招抚蛮人，"悉出缘沔为居，百姓乐业，民户丰赡"，刘道产施以政策优待，吸引蛮族从山中迁出，定居在汉水流域。其实少数民族也并非天生乐于住在山区里。我的学生曾经问我，为什么那些少数民族大多住在山里？实际上住在山区的少数民族在早年间也是平原民族，只是在中原王朝征服的过程中他们的平原土地被占据了，因而被迫迁入山中。随着丘陵作物的推广，这些民族又进一步退居深山。因此，在刘道产这样实行善政的管理者的帮扶下，这些少数民族也愿意回到河谷和平原地区，改变生产方式，恢复农耕生活，正所谓"百姓乐业，民户丰赡"，生活逐渐富足了起来。

同一时期，沈庆之镇压群蛮，先后将十余万蛮人迁往建康，被迁往首都的蛮族一部分被征调当兵，另一部分被发配为家奴，既不能还乡，也无法恢复蛮族身份，相当于强制融进了汉族。元嘉二十五年（448）先以蛮民立了七个县，后又立了十八个县。因为蛮人聚居的山区及附近地区地多人少，田地缺人耕种，从一年之间由七个县增加至十八个县就可以知道，被迁入的蛮族已经从事农业，走向定居，开始缴粮纳税，达到了置县标准，说明这些蛮人已经完全融入当地，走向汉化了。

另一种情况就是南迁汉族所带动的南方少数民族汉化。大量北方汉族在永嘉之乱、安史之乱、靖康之乱期间涌入南方，逐渐定居在南方的平原、河谷地区。南迁汉族不见得在当地占多数，但拥有政治、经济、文化上的强势地位。而当地的蛮族原住民或蛮族后裔为了扭转被歧视的社会地位，就需要提高自已的经济实力、文化水准，但身份差异却是难以弥补的。那么在这种情况下，蛮人的后代开始主动改汉姓、修家谱，抛弃蛮人身份，对外宣称自己是汉族人的后代，而汉族人也乐于接受他们的主动汉化。历史地理学家谭其骧教授曾做过研究，考证出湖南的很多姓氏在祖上并非汉人，而是蛮人，包括一些今天已经被公认的世家大族。比如向、舒、彭、覃、符、扶、苏、杨等姓，祖上几乎都有蛮人血统。以湖南溆浦的向氏为例，谭其骧先生的朋友、北京大学教授向达先生就是湖南溆浦人，他一直以为自己是汉族，但看了谭教授这篇文章后也承认他家其实不是汉族，所以中华人民共和国成立后他就将自己的民族改成了土家族。还有很多姓氏如梅、冉、鲁、文、龚、奉、粟、雷、蓝、骆、潘、梁、吴、龙、石、麻、廖、张、陈、李、邓、唐、黄，也都极有可能是蛮人后裔改姓而成的。这些人广泛地分布在各地，明清时蔚为大族，科举兴盛，这也反映了一个长期的融合过程。

当时，有一部分福建人自称是永嘉南迁后裔，自认为是南迁达官显贵的后代，但其实这在很大程度上并非事实。实际上这部分人就是本地的越人或原住民，他们在富足发达以后，便在修家谱的过程中编造了自己是中原汉族后代的说法。但这样的说法实在是经不起推敲，永嘉南迁时的北方汉人对福建的概念相当模糊，迁到条件较为优越的地方就可以定居了，根本没必要舍近求远。更何况南迁后的首都设在建康，也就是今天的南京，如果他们的祖先确为达官显贵，那也应该留在南京或首都附近，又有什么理由前往当时荒无人烟的福建呢？即使真的有人迁居过去，也绝不可能是富贵人家。这也从侧面证明了持这种说法的人们，大概率是当地蛮人和越人的后代。

前文我们讲家谱问题时提到过通过附会故事寻求身份转变的事例，很多少数民族为了改变身份也同样使用这种方法。在南方各地调查少数民族历史时，调查对象有时就会讲一些故事。比如海南很多姓李的人就宣称自己是被贬于此的唐朝宰相李德裕的后人。实际根据历史记载，李德裕并没有留下后代，对此他们的解释是，他们怕遭到官府迫害而隐姓埋名，后来才恢复李姓。还有一个陆姓家族自称是南宋宰相陆秀夫的后人。但历史记载得很明确，陆秀夫在看到大势已去后，便携同小皇帝举家跳海殉国了，并未留下后人。而在陆姓家族的家谱中对此的解释是，陆秀夫还有一个孩子，早年因为不用功学习而被陆秀夫一怒之下赶出家门，后来被当地渔民收养，他们就是这个孩子的后代。当然，更大的可能依然是当地的原住民在发迹后为自己编织了一个汉族祖先的故事。

上述的这些情况，一方面说明汉族对其他民族的认同向来不以血统为标准，而是一种文化认同，如果你接受了我的文化，那我便承认你是我们的一员。今日的汉族是全世界人口最多的民族，其原因就在于此，在历史的进程中，汉族始终保持了融合与壮大的趋势。但从另一方面来看，也说明在历史上的确存在着民族歧视，如果各民族间始终是平等地位，汉族也没有必要寻求其他民族的同化。任何事情从历史上看既有积极的一面，也有消极的一面。我们既肯定历史上汉族主动吸纳并包容其他民族的心态，鼓励少数民族树立相似的文化认同和价值观认同，但也要承认，在这个过程中，少数民族也遭遇了自身的损失，他们不得不长期通过一些无奈的手段来改变自身受歧视的地位，这是值得今天的我们深思的。

地区篇

长安居为什么大不易

　　唐朝的时候有一句话，"长安居，大不易"，想要在长安定居下来实在不是一件容易的事，这句话背后的道理何在呢？

　　从秦汉开始，想要在首都地区申请一个户口就已经是很不容易的事了，首都和一些重要地区的户籍有着严格的控制。汉朝时规定，首都长安周围的关中地区为特殊地区，一般人没有批准不得随意进入，进出关需要严查，而想要在此地申领户籍、落户就更难上加难了。而这也意味着如果有了长安和关中的户籍并能定居下来，身份自然就高人一等。西汉的将军杨仆在立下大功后被封为楼船将军，相当于大军区司令。可惜他家在河南，是所谓的关外人，因此他也以无法成为关内人为耻。为了成为关内人，他揣摩汉武帝的意图，迎合其好大喜功的心理，上书请求将函谷关东移以扩大关中，而他家原本住的位置将因此被纳入关中，他的身份也将随之变为关中人。为了达到目的他不惜自掏腰包承担营建新关的费用，最终汉武帝欣然批准。函谷关自此向东移了三百里，从今天河南灵宝市东北移至新安县东。最终由杨仆承担了全部搬迁、新建费用，可见这个"户口费"有多贵，这还是在皇帝愿意的情况下，否则花再多的钱也做不成关内人。

另一个典型是西汉的陈汤，他是山阳瑕丘（今山东济宁市兖州区东北）人，出身贫寒，通过自己的奋斗，好不容易冒风险立下大功，封了关内侯，俸禄两千石。关于陈汤最有名的故事就是擅自调动辖区兵力，斩杀了匈奴的郅支单于，并留下了那句千古名言"明犯强汉者，虽远必诛"。就是这么显赫的一个大臣，且已经娶了长安女子并生下儿子，但根据当时的制度，陈汤的户籍却还只能留在原籍，他妻儿的户籍也不能落在长安，等到他离职或退休后，说不定全家都只能随他回山阳瑕丘。本来就是长安人的妻子和从小生活在长安的儿子自然不乐意。为了取得长安户口，陈汤可谓煞费苦心，最后有人就给他出主意，说现在皇帝正在建陵墓，但是陵墓旁边没有建陵县，你可以以自己的身份上书要求皇帝恢复建陵县。什么叫陵县呢？汉朝从汉高祖刘邦开始，每当有皇帝去世，都要在他陵墓旁边建一个县为他守灵。陵县里的人可不简单，需有一定的级别。比如俸禄两千石以上的官员，或者拥有财产五百万钱以上的人，只有这些人才有资格迁入陵县。但到陈汤的时代，汉成帝已经停止了修建陵县，因为长安周围这些地方已基本没有空地。现在陈汤建议皇帝重新修建陵县，如果事情能成功，陈汤不仅立了大功，而且根据他已有的级别，是可以顺利迁入陵县并拿到关中户口的。皇帝在听了他的劝说后的确照做了，但由于选择的地势低洼，几次都没有建成，反而劳民伤财。最终皇帝下诏停工，陈汤也因此获罪，非但没有如愿反而还被贬了官。不难看出，在古代想要争取一个首都户口有多不容易，原因就在于朝廷对首都地区的人口有严格的控制。有的时候首都人口不够，反而还要向首都强制移民，但对象往往是特定人群以确保国家安全，因此首都户口也就具有特殊意义。

户籍限制了百姓的迁徙自由，也提高了首都的迁入门槛。但对官员、士人、上层人物来说，祖籍、原籍在哪里才更加重要。特别是在重视门第的时代，不同的祖籍地就意味着不同的门第和血统。例如同样姓王的人，一般地方的王姓没什么了不起，但如果祖籍是太原的王氏，那身份就高贵了。或者和皇帝是同一个祖籍，比如唐朝时陇西的李氏，就极为显赫。每一个姓氏都有一个最有代表性的、最高等级的祖籍地，被称为郡望。例如王氏排第一的郡望是太原，其次是琅琊，像东晋的王导、王敦家族就属于琅琊王氏。唐朝后，陇西就成了李氏的郡望。宋太祖赵匡胤的祖籍是天水，天水就成了赵氏的郡望。魏晋以后，郡望已经成为一个人血统和门第的标志，那些门第高的人即使过了八代十代，也依然要强调自己的郡望。为了提高门第，有些根本不是这一祖籍的人也会千方百计伪造世系或迁移史，将自己籍贯与同一姓氏的郡望联系起来，冒充高门大族的后裔。

研究古代的人才分布、成才的条件和规律，已经成为一门显学。不少学者由于不明白郡望的实质，在这个问题上往往陷入误区，他们以为只要根据人才的籍贯、郡望就能统计出结果，却没有想到，同一籍贯的人，情况千差万别，有的人的确是在当地生长的，但有的人有些家族已经迁离了这个地点好几代，有的甚至与这个地点毫无关系，统计研究的难度其实很大。正因为这样，以前研究中按户籍统计的籍贯基本上不是历史人物的实际居住地，特别是那些名人，直到近代都是如此。

还有些籍贯是政治认同的产物，与实际祖籍或居住地都无关。比如北魏孝文帝迁都洛阳后，开始大规模实行汉化，要求鲜卑人改说汉语、改穿汉族服装、与汉人通婚，还规定随他南迁的鲜卑人死后不准回葬北方，并将所有南迁的鲜卑人和其他一些北方民族的人的籍贯统统改成河南洛阳。实际上，洛阳根本不是他们真正的祖籍，也不一定是他们当时或以后的居住地。西魏定都长安后，规定迁移到那里的贵族官员，不管原先是汉人、鲜卑人还是其他民族，也不管原来户籍在哪，一律登记为京兆长安。现在我们说起河洛文化或隋唐长安时，总会列举当时的人物之盛，是否关注过其中相当一部分人根本与长安、洛阳无关，只是奉命履行了更改籍贯的手续。

唐朝吸纳了大批少数民族为其效力，尤其是在军事方面，这些人身材魁梧，骁勇善战，许多胡人都凭借战功成为蕃将，为了表彰他们，往往赐给他们李姓。如沙陀族的李克用，本姓朱邪，李是唐朝赐的姓。其子李存勖建立了后唐，这里要注意的是，后唐中的"后"是后世人加上去的，以区别于唐朝。但在当时，李存勖就完全以李氏后裔和唐朝的继承人自居。这些人原来无论是出身于昭武九姓也好，还是来自突厥、沙陀、回鹘、葛逻禄也好，或其他地方也好，因为赐姓或改汉姓，统统成了中原籍贯。我们讲到五代，无论是后晋的石敬瑭还是后汉的刘知远，虽然是汉姓，但其实都是沙陀人。也就是说，五个朝代中的三个朝代都是沙陀人建立的，而他们的籍贯也是到了唐朝后，根据任职地或驻军地所定下的，或者根本就没有，这是一种特殊的历史现象。

最后我们来讲一下古代那些改变了籍贯的"高考移民"。高考移民并非现代独有，在科举时代就已经出现了。明清时期，科举考试分配到各地的名额是固定的，各省能录取的举人、秀才数量都不同，因为各地生源差别非常大。一些偏远落后的地区，比如刚刚改土归流的少数民族地区，在名额分配时会给予优待。再加上这些地方读书人相对少，成绩也一般，因此录取比例很高。有人统计过，贵州和江苏的录取比例大概有十倍之差，然而实际不改变居住地，想将户籍从江苏迁到贵州却是不合法的。所以当时人为了在科举考试时容易中举，就想方设法冒籍或改籍。比如台湾在康熙年间建府，当时那里的文化程度普遍不高，相对容易考上，而福建的漳州、泉州考科举的难度要比台湾大得多，有些人为了考取秀才举人，就将户口迁到台湾，后来果然如愿考上。对于这种愿意迁居的移民来说倒还不怕上面追查，但更多的人是不愿意迁居的，他们就会想办法冒籍。还有人纯粹冒用其他籍贯，结果也考上了。以后只能将错就错，不敢再改回原籍。因为如果事情败露，也是要被查处的。

所以说，户籍登记存在着不少人口调查以外的功能。认识了这一点，我们在了解古代的人口情况时，就可以透过表面现象，真正知道他们居住在哪里，分布在哪里，是怎样迁移的。

为什么历代都要向首都地区移民

前文已经讲了历代人口的变化，除了数量变化外，还有一个重要问题就是人口的不断迁徙，历史上出现了无数次的移民，这些移民对我们中国的历史到底起到什么作用？我们可以分类来探究一下。

这一章主要讲的现象就是向首都移民。历代政权都想方设法巩固自己的首都，其中的一个办法就是移民，将自己需要的人口集中在首都或者首都附近，不需要的人口就排斥在外，既能巩固自己的核心区域，又能借此控制国内的不稳定因素，将他们置于自己的监控之下。

有一个成语叫乐不思蜀。三国时期的蜀汉后主刘禅在蜀国灭亡后，被迁到当时的魏国、后来的西晋首都洛阳。有一次晋王司马昭问他过得怎么样，是否想念蜀国家乡。刘禅回答他"此间乐，不思蜀"，表示在洛阳过得这么愉快，怎么会想念家乡。其实我们稍加分析就会知道，这是他自保的策略，以求安稳过日子，害怕被忌惮遭到杀害。之后在谋士的建议下，又改说日夜思念家乡了。当时不仅刘氏家族被迫东迁，蜀国的大臣们，包括诸葛亮、蒋琬、费祎这些人的后代也都被迫东迁。被安置在洛阳和中原地区的蜀国遗民多达3万户，几乎迁空了整个成都。吴国灭亡后也是一样的遭遇，吴国末代皇帝孙皓和他的亲族重臣，以及一些江东世家同样被内迁到洛阳及中原，譬如顾雍之孙顾荣，还有历史上很有名的周处，统统被迁到内地。而这样的迁移其实古已有之。

秦始皇在统一六国的这一年，即公元前221年，"徙天下豪富于咸阳十二万户"，如果每户按五口之家来计算的话，移民达到了60万，比咸阳原来的人口还多。秦始皇三十五年（前212），他又"徙三万家丽邑，五万家云阳"，而之所以迁到丽邑，是因为他自己的皇陵建在那里，需要有人帮他守陵。迁到云阳的原因，据我估计是此地在咸阳北面，当时是交通枢纽，其目的归根结底还是稳固自己的首都，无论是皇陵还是要害地带，都需要充实人口。

到了汉朝，汉高祖刘邦同样也做过这样的事情，有这样一个故事。刘邦的父亲穷困了一辈子，连姓名都没留下，因此《史记》和《汉书》就称他为太公，刘邦的母亲同样没有名字，只记作刘媪，甚至于刘邦自己都没有正式的姓名，在最初的《史记》和《汉书》中，他的名字叫刘季，所谓"季"其实指的是他在家中的排行。直到南朝的史书中，刘邦的名字才第一次出现。刘邦在成为皇帝后，尊奉其父为太上皇，造了宫殿请他居住，但太上皇整日闷闷不乐，刘邦对此很不解。太上皇表示自己独自住在宫里生活太无趣，在老家有邻里聊天，还能出去游玩，看别人斗鸡遛狗，走在街边能买小吃，还能听到乡音，这才是生活该有的样子。刘邦为了取悦父亲，就下令将老家丰邑全部搬迁到了关中。具体怎么迁呢？刘邦命人绘制了图纸，所有房子建筑一应按照原样打造，甚至百姓家的鸡笼狗舍都要保持原状。之后再命令所有人带上鸡狗全部搬迁过来，并为他们免除了终身的劳役，而这个新建的丰邑就被命名为新丰。新丰被修造到了什么地步呢？原先丰邑的人牵狗抱鸡到达这里后，那些鸡狗刚一放下就找到自己的窝了，其他的左邻右舍、烟火气息也一应俱全。太上皇住在新丰，就像生活在故乡丰邑一样，死后就葬在了新丰。但不久以后，新丰跟周围城市就没有区别了，人可以迁移，但地理环境不能迁，这一代移民之后，新丰也就被周边同化了。

高祖九年（前198），刘邦又将齐国、楚国的大族昭氏、屈氏、景氏、怀氏、田氏五姓迁往关中，又将燕国、赵国、韩国、魏国的后代和在地方上有影响力的豪杰名家全部迁了进来，总共有10余万人，原因就是怕他们在地方作乱，无人能制，因此要置于首都直接管理，而且还能借此机会剥夺他们的田产，起到了削弱这些地方势力的作用。这些地方势力的财富也可以在关中流通，促使关中富裕发达。据我估算，这样一批大规模移民，到西汉末年，他们的后代已经多达40万人，占当地人口的六分之一。迁入关中者以田姓最多，一度造成关中的富商都是田姓。后来因为田家人口太多了，不方便管理，田氏内部又以序数进行分别，如第一、第二、第三、第四、第五，以后甚至直接用这些序数为姓了，到东汉就有"第五"这个姓，如出现了第五伦、儿子第五颉、曾孙第五种。可惜其他的第一、第二等姓没有传下来，是否有第六我们不得而知，但至少可以确定排到了第五。所以当时有句话是这样说的："关中富商大贾，大抵尽诸田。"

汉朝还有一项创举，就是前文已经提过的陵县。汉朝有规定，皇帝即位以后马上要做的两件事，一是完成先皇的陵墓，二是开始修造自己的陵墓。汉朝的财政收入分三份，其中的一份就是给皇帝建陵墓。有些皇帝在位时间长，比如汉武帝做了54年皇帝，他自己的陵墓就修了54年，可见其规模之大。而这样大的一个陵墓还需要在旁边置县来为其守陵。汉高祖的长陵，其陵县人口自关东迁入，到元始二年已有人口近18万。汉惠帝建的安陵到元始二年，安陵陵县人口差不多也有了10万。之后文帝建霸陵，景帝建阳陵，武帝建茂陵，其中茂陵陵县人口到元始二年已有277 277人，比长安的人还要多。此后汉昭帝修建了平陵，汉宣帝修建了杜陵，连汉文帝之母薄太后的南陵也拥有陵县。汉昭帝之母赵婕妤，在昭帝被立为储君后被赐死。虽然赵婕妤被葬得比较远，但也为她建了云陵。还有被武帝逼死的汉宣帝之父史皇孙刘进，也被安葬在奉明园，这些陵寝的周围都有陵县。其中以在渭河以北的五个陵县最繁华，也就是长陵、安陵、阳陵、茂陵、平陵，他们也被称为五陵。汉朝时所谓的"五陵少年"，指那些穿着最为时尚、生活最为奢侈的贵族官僚富豪子弟，就都是来自于此。而五陵的人口基本也是移民后代，在当时有资格迁进去的对象包括丞相、御史大夫、将军等现职高官，俸禄两千石以上的官员，六国贵族和诸侯功臣的后代，地方豪杰，资产达到三百万甚至五百万以上的高赀富人，以及地方上的"群盗"都安置在这里严加管控。总而言之，移民首都地区的目的就是强本弱末，充实首都，削弱地方，这种移民完全是政治移民。

这种政治移民也得到了延续。比如曹操受封魏王后，都城建在了邺县（今河北临漳县西南），之后曹操就开始大规模的移民，移民中就包括了他的部将李典及其部曲3000余家，并州刺史梁习送来匈奴等族数万人。后来曹丕建都洛阳，洛阳经过董卓之乱已经残破不堪，路面上已长满了树，需要砍掉才能进入，随后曹丕也对洛阳进行了大规模移民，他甚至要求冀州派遣10万户迁入洛阳。但冀州也受到了很大破坏，在大臣的再三劝阻下，曹丕才同意将移民减半，最终从冀州迁了5万户。

北魏曾定都于平城（今山西大同），也曾"徙山东六州民吏及徒何、高丽杂夷三十六万，百工伎巧十万余口"。消灭北凉后，北魏又迁北凉3万余户至平城。后来太武帝拓跋焘在攻打南朝宋得胜退兵时，迁了江淮之间的5万户百姓到平城，占领今天山东后又将青州、齐州的百姓迁到平城，因为人数过多，又专门设立一个平齐郡来安置这些移民。梁朝灭亡后，西魏又将住在江陵的王公、百官、市民10余万人迁到长安。当时正值严冬，再加上沿途驱赶，移民在路上死去了数万人。

从以上这些事例中我们可以看到，针对首都的移民很大程度上是不考虑地方或者被迁对象的利益的，但在客观上却使首都的人口集中、经济发达，商业繁荣。特别是那些从全国迁入的移民往往是较为强势的群体，原来的文化层次比较高，这也造就了多元文化的融合与交流，"是故五方杂厝，风俗不纯"，久而久之就在首都形成了一种新文化。比如说北魏在迁都洛阳后，先将平城的人全部迁了过去，再从北方各地征调人口迁入，最终形成了一个繁荣富裕、文化多元的洛阳。当然，我们也要从另一方面看到，这些移民付出了巨大的代价，迁移的过程中往往造成很多重大事件，特别是那些被强制迁出的地方，有的从此就衰落了。对于这种特殊移民的影响，我们要做全面分析。

衣冠南迁使江南成为天堂

历史上北方汉族一次又一次的南迁，带动了南方少数民族融入华夏民族大家庭的进程。那么在历史上，存在哪些重要的南迁事件？这些南迁事件的影响究竟有多大呢？

当中华文明在黄河中下游地区形成核心以后，它始终在向四面不断地扩散，其中比较多的就是向南方扩散。从气候原因来看，随着气候的逐步变冷，最适宜人类居住的地方已经从北部黄河流域转移到了南部长江流域，以及更南的区域。从人文角度来说，这些地方开发的时间相对于黄河流域要更晚，也就拥有着更充足的土地资源，而对于农民来说，最重要的就是土地。随着社会经济的发展，北方人口越来越稠密，土地也日渐稀缺，相较之下，南方则是一片还未被开发之地，即使没有战乱因素，其人口增长也是十分缓慢的。而对于中原地区来讲，战乱的主要威胁来自更北方的游牧民族。当大规模战乱爆发时，绝大多数人只能往南迁，几次大的南迁事件也就深刻地影响了中国历史的发展。那么我们就来仔细盘点一下，历史上究竟有哪些重要的南迁事件。

我们一般意义上认为的第一次大规模南迁，就是西晋末年的永嘉之乱所形成的南迁。史书记载"洛京倾覆，中州士女避乱江左者十六七"，首都洛阳沦陷，从而导致中原一带家世优越的人举族迁居至江左。所谓江左就是江南，"十六七"固然是个夸张的估计数，但也确实反映了当时大量人口南迁的现实。伴随着这一历史事件的另一个说法就是所谓的北方少数民族内迁，即匈奴、鲜卑、羯、氐、羌渐次入主中原。使"司、冀、雍、凉、青、并、兖、豫、幽、平诸州一时沦没，遗民南渡"——北方各州基本上被少数民族占领了，北人便开始大规模南迁。这次南迁持续了很长时间，大致可以分为六个阶段。

第一阶段：永嘉乱后（307—324）

第二阶段：东晋太宁三年至永和五年（325—349）

第三阶段：永和六年至咸安二年（350—372）

第四阶段：宁康元年至宋永初二年（373—421）

第五阶段：永初三年至泰始六年（422—470）

南迁余波：泰始六年（470）后

南迁并不是一个奔流不停的过程，而是一个又一个的高潮，等到各方面形势稳定一些后便会陷入停滞，直到下一个高潮再次南迁。这次南迁从永嘉元年（307）一直持续到泰始六年（470），总计一百多年。在南迁的北方移民中，政府官员与世家贵族主要集中在新首都建康（今江苏南京）一带，其余大部分的普通民众到了南方是随遇而安的。当发现后面没有追兵，土地足够耕种，便会停下脚步开始定居。整体趋势呈波浪状，随着一波又一波的移民逐渐趋于平息。最终南迁的移民主要分布于长江淮河之间以及长江下游地区，主要集中于今天的江苏、上海一带。无论是东晋还是南朝都以建康作为首都，人口也自然集中于这一地区；其次就是安徽和山东南部也容纳了大批移民。可能会有人好奇，作为北方的山东南部怎么也有移民？原因是到后期，不再有军事威胁，更北方的移民迁到山东南部也就停下了脚步。而四川、湖北、陕西南部、河南南部、浙江、江西、湖南也都有移民分布，但总而言之，此时的移民还没有选择更南的地区作为落脚点。所以在前一章提到福建人家谱时就讲到，自称祖上在永嘉年间避难于福建的说法并不可信，即使有这种情况，也一定是极少数。江淮和长江下游地区已经足够安置南迁移民。达官显贵必然以京畿地区为首选的落脚地，诸如王、谢等世家大族，最多分散到今天绍兴一带的浙江北部，而不会迁往更南的福建地区。谭其骧教授在研究的时候曾用地名学和其他研究方法推测，到南朝宋大明八年，也就是464年，永嘉移民和他们的后裔已经超过了200万。之所以要强调后裔是考虑到移民运动已经持续了百年，早年间迁过来的移民已经定居并继续繁衍，这个数字显然是非常庞大的。

而这次移民意义同样巨大。第一个意义，它延续和发展了传统文化。永嘉移民中存在着大量的上层士人，文化层次比较高，他们的南迁保证了文化的传承，并且使其在南方继续传播发展。比如一些音乐，不加以保存的话很可能就此失传和散佚。而这些文艺作品到了南方以后又受到当地本土文化的影响，得以继续创新。等到隋朝时南北统一，这些长期以来保存完好的文艺形式和作品又重新回到北方，并得到隋文帝的极力推崇。另外，很多儒家经典在印刷术发明之前都是以简帛或手抄的形式保存下来的，如果没有当时的南迁移民将其转移到南方，就极大可能毁于战火。

第二个意义，就是从实际上拓展了华夏的疆域。尽管秦朝时期中国南方的版图就扩张到了越南东北，但其实大部分地区只是控制了交通线和行政中心，更多的地方则是未被开发的无人区，以及土著部落聚居区，而这些土著部落在当时被认为是"化外之民"，不受中央政府管辖。比如福建在秦朝时，目前只能考证出有两处县治，其他地区则未被实际控制，后来汉武帝更是将福建的原住民集体迁徙至内地，直到东汉时才在浙江南部恢复了一个县。但是经过从三国时期到永嘉南迁的长期开发后，包括福建在内的南方增设了许多县。华夏政权已经在事实上充实了自己的疆域，具体就反映在行政区划的大量增加。

第三个意义，就是前文讲到的民族融合。南迁以后大批中原人士来到南方后同当地的越人、蛮人不断交流融合，最终造就了华夏民族的进一步扩大。

第四个意义，就是南方得到进一步开发。很多地方有了居民点之后又不断设县。特别是原先的荒地得到广泛开发，农业经济水平得到提高。

当然在这个过程中，各民族也付出了巨大的代价，南迁之路十分艰辛，特别是底层的民众，许多人在迁徙的过程中付出了财产甚至生命的代价。而定居到南方后，汉族人口与土著之间也并不是只有融合，同样会因经济利益和文化差异发生冲突，但是这些代价最终换来了我们中华民族不断地更新，不断地扩大，积极意义还是占据着主要的地位。

第二次大规模南迁就是安史之乱以后的南迁运动。李白有一首诗里讲到"三川北虏乱如麻，四海南奔似永嘉"。安史之乱爆发后，安史叛军一步步攻占洛阳和长安，肆虐中原。正是在这种情况下，李白发出"四海南奔似永嘉"的感慨，当然，这里有诗人的夸大成分，实际上安史之乱以后的迁移不如永嘉规模那般大，因为安史之乱很快就平息了。安史之乱的战火主要遍及黄河流域，从今天的北京到河南洛阳、陕西西安之间。东边由于张巡死守着睢阳，所以安史叛军无法从这里开进南方，保障了南方政治经济的相对稳定。安史之乱虽然平息了，但北方陷入了藩镇割据、军阀混战的局面，战乱不断，而南方相对安定，经济开发的优势也很显著。所以南迁的发生不仅是在安史之乱期间，其余波实际一直持续到唐末和五代。这次移民潮的特点体现为三道波痕：第一道至湘南、岭南、闽南，第二道集中在长江沿线，第三道在淮南江北、鄂北。其中第二道移民最集中，分三区：苏南浙北、皖南赣北、鄂南湘西北。一、二区与淮南（江淮之间）是北方移民主要聚居区，另有少数移民已远达广州、交州（今越南北部）。此次移民和永嘉移民不完全一样，因为安史之乱后，唐朝的陪都成都缺乏吸引力。永嘉之乱以后，南京从东晋到南朝始终作为首都存在。而唐玄宗逃到成都后，其子李亨马上即位于灵武（今宁夏灵武市），并迅速收复了长安和洛阳，重新恢复了长安的首都地位，当初逃离的政客与世家贵族都很快回到了长安。

所以安史之乱后南迁的这批移民，其实大多数都是普通百姓，而百姓不同于显贵，只要有了可耕种的土地，百姓就会长久地在南方定居下来。这就是安史之乱移民和永嘉之乱移民最为不同的一点，即安史之乱移民中，"衣冠（指士族，非底层民众）"很少，其移民主力为底层百姓，他们留在南方后着力开发经济，所以安史之乱移民的经济意义要更大一些。

而历史上第三次大规模的移民南迁又非常类似于永嘉南迁，这就是靖康之乱以后的人口南迁。1127年，金兵攻陷开封，将徽钦二帝和宫中包括皇后、妃子、宫女、皇族在内的官宦通通俘虏至今天的黑龙江。建炎三年（1129）到四年（1130），金兵第二次南侵，原先居住在淮南一带的人再次南迁。而这次金兵南侵最远曾攻略至浙江、江西、湖南，这样兵连祸结的情况下自然要形成移民的南迁高潮。绍兴四年（1134），金兵渡过淮河，淮南居民纷纷渡过长江南下转移，淮北居民也都继续南迁。到了绍兴七年（1137），金人废掉扶持的傀儡刘豫，准备亲自统治中原。原先已经迁到河南、陕西的移民大多数又开始南迁，可见南迁也是随着金兵的不断扩张而渐次发生的，而这一次南迁移民的目的地为东南地区，主要是浙江、苏南一带，其次就是四川、安徽、江西、福建和两湖地区，而且南迁人口开始进入岭南。其实在此之前，岭南人口就已经比较稠密了，但在兵灾的压力下又再次成为人口迁入地。

宋高宗安顿下来以后，就将杭州改为行在，即皇帝临时住的地方，用今天的话说就是临时首都，但这一"临时"就一直到南宋灭亡。因为宋朝不敢表明就此正式迁都，仍需要表现出希冀收复河山的姿态。杭州虽然始终没有成为南宋王朝的正式首都，但事实上已经具备了首都的全部功能。这在性质上和永嘉南迁很像。

那些有身份的官僚贵胄都集中在杭州一带，而这些地位高的人又主要来自河南开封，并逐渐成为杭州的主流人士。当时甚至出现这样一种现象，杭州城里的人都学习河南话、开封话。到明朝时，许多人都会惊异于杭州人居然说北方话，其实直到今天，至少到改革开放以前，杭州人说话还是带一定北方口音的，比如儿化现象，比如"黄瓜"读作"黄瓜儿"，"小孩子"读作"小伢儿"。根据研究我们可以将这种现象定义为方言岛。为什么会导致这种情况呢？原因就是当时的移民尽管人数并不占优势，但身份很高，侍奉他们的人也就跟着学了移民的方言。这次移民运动一直持续到南宋末年，甚至元朝初年，所以绝大多数人已无法回归故土，包括"衣冠"的后人也基本定居在了南方。北宋末年，全国人口已经超过1亿，南迁人口的数量自然也很多。根据估算，到绍兴十一年（1141）宋金和议，划定两国界线时，南迁的人口大概已达到500万。

人口南迁的意义是多方面的，这里可以举一个最有影响力的例子——现在的江南是怎样在这些一次次南迁的人口推动下成为"天堂"的？早在西汉初年，中原地区就流行一个说法，"江南卑湿，丈夫早夭"，即江南这个地方地势低洼，气候潮湿闷热，男人都活不长。这个"江南"虽是指江西、湖南的长江以南，但安徽、江苏的江南部分也差不多。但是到东晋时期情况已有改观，我们都熟悉王羲之写的《兰亭集序》，兰亭位于今天的浙江绍兴，而王家则是当时的世家大族，东晋初年还有"王与马共天下"的说法，司马氏正是依靠以王导、王敦为首的琅琊王氏的支持才得以坐稳天下。但之后王氏家族继续开枝散叶，成员分散到各地，其中王羲之一支就迁居到了今天绍兴一带。南朝时期，谢灵运所在的谢家也是和王家齐名的大家族，谢灵运做官时喜欢游山玩水和作诗，到过浙江许多原来没人涉足过的地方旅行。南方的秀美山水不同于他祖辈见过的北方风光，他也由此产生灵感，大量创作山水诗，开创了一个新的诗歌流派。到了唐朝，白居易在杭州做官，创作出了有名的《江南好》，并且随着他的诗歌传遍北方。这个时候，北方人已经开始羡慕起江南地区的好山水了。

到了五代时期，吴越王钱镠致力于保境安民。为了发展，他投入大量的人力物力开发水利工程，在钱塘江边修建海塘，在太湖流域兴修水利工程。一方面扩大了杭州的城市面积，另一方面江南因为兴修水利，农业产量提高，民间把钱镠称为"海龙王"。到了北宋末年，陆游引用了时人的一句谚语，叫作"苏常熟，天下足"，意思就是如果苏州府、常州府这一带农业丰收，粮食便能大量出售，养活全国的人口。到南宋时期，范成大曾说"天上天堂，地下苏杭"，慢慢地就成了民间谚语"上有天堂，下有苏杭"。而这些变化跟一次次南迁都有着重要的关系。江南变成"天堂"，从天时讲，的确得益于气候的整体变化；从地利讲，地理环境自身并没有发生改变，而是靠人为因素有了大幅变化，比如像钱镠兴修海塘，化害为利。但是更重要的是人和，一批批高素质的移民充实了当地，提高了江南地区的文化素质。所以江南变"天堂"，其中一个很重要的因素，就是一次次的人口南迁。而江南的发展不过是移民带动南方发展诸多例子中的一个。我们通过研究发现还能找到更多类似的例子。

湖广填四川

历史上有几次重大的人口南迁，到了靖康之乱这一次南迁以后基本上就结束了，原因在于南方人口已经趋近饱和，而北方经过连年战乱却出现了很多地广人稀的地方，一些山区和丘陵地带也没有得到开发。中国的人口迁移自此发生了一个转变，人口从一次次的南迁变成了北迁、西迁，以及由平原向丘陵山区迁移。那么其中影响最大的一次我们称之为"湖广填四川"。

湖广，即今天的湖南、湖北。明朝时期这片区域还被称作湖广行省，清朝认为它面积太大于是一分为二，出现了湖南和湖北。所以湖广填四川从字面上解释，就是今天湖南、湖北的人大量迁到四川，其影响也是非常重大的。初中的语文课本有一篇是朱德的《回忆我的母亲》，朱德在这篇文章里说他们家的祖籍在广东韶关，是客家人，在"湖广填四川"时迁移四川仪陇县马鞍场，朱家就是湖广填四川移民的后代。历来有这样一种说法，"江西填湖广，湖广填四川"。湖广人自己追溯的根源就是作为最大移民输出地的江西。同时，湖广填四川里面还有一种说法，说湖广人的老家都在湖广麻城孝感乡。我曾经让我的一个学生去做过调查，今天麻城已经不存在孝感乡这个名字了，但孝感乡确实有史可查。但问题在于，这么多的移民难道都是从一个乡里迁出来的吗？显然不是，孝感乡只是一个符号，不过大量的湖广移民迁入四川的确是历史事实，并且影响深远。

简单举一个例子，我们从方言上看，西南官话方言区包括四川、重庆、贵州、云南、湖北、湖南、广西，为什么这么多省区市的人都在一个方言区里？原因就在于湖广填四川。湖广人口将自己的方言带到了四川，后来又有很多四川人再迁到云南、贵州，甚至包括陕南，正是移民带动了方言的传播。

究竟是什么原因造成了如此大规模的人口迁徙？我们在研究移民时，主要有两个考察维度，即所谓的两个力。首先一个就是拉力，一个地区的拉力强，移民就会向这里迁移。另一个就是推力，迁出地推力如果很强，人口自然就向外迁徙。而推力中最强的一种就是战乱。以永嘉之乱为例，大量集中于洛阳的人口在北方游牧民族入侵的压力下纷纷被外推，而被推出来的移民到哪里去呢？什么地方拉力强就迁到哪里。那么在湖广填四川的运动中，四川的拉力来自哪里呢？

明朝末年，四川旱灾、瘟疫、饥荒横行，造成了大量的人口死亡，这是第一个因素。第二个重大因素就是兵灾，张献忠的部队占据四川后建立大西政权，之后清军入川击败了大西政权，四川一直有"张献忠屠蜀"的传说，认为张献忠的军队把四川人都杀光了。实际上当然不可能杀光，这是对历史的夸大，但是张献忠的部队以及清军在入川后杀了很多人确实是不争的事实，这有大量的历史记录可以佐证。兵灾的结果是骇人听闻的，史料称成都甚至成为空城，随后就是大规模的瘟疫，加剧了人口的锐减。人口锐减还给四川带来了虎患，据史料记载，省会成都：

> 继以大疫，人又死。是后虎出为害，渡水登楼，州县皆虎。

顺庆府附郭南充县：

> 原报招徕户口人丁五百零六名，虎噬二百二十八名……新招人丁七十四名，虎噬四十二名。

老虎肆无忌惮地在四川各地横行，甚至跑到城中食人，之前残存下来的人口不是被吃掉就是纷纷外逃，其结果严重到清军入川后已经没有办法在成都建立省会了，省会暂时迁到了保宁府的阆中。顺庆府治下的南充县上书告急，好不容易招来506人，结果被老虎吃掉228人，后来又新招了74人，又被老虎吃掉了42人。连老虎都能成为人的威胁，自然没有外来人口敢去四川，所以四川的人口损耗是空前的，其严重程度在历史上绝无仅有，甚至超过了元朝时期。等到顺治十年（1653）战争彻底平息后，四川才开始大规模招垦荒地。

顺治十年，四川荒地，官给牛种，听兵民开垦，酌
量补还价值……凡抛荒田地，无论有主无主，任人尽力
开垦，永给为业。

官府提供耕牛和种子，允许兵民自由开垦，未来只需要支
付一点费用即可。还规定，凡是抛荒的土地不管之前是否有主
人，都开放给新来者耕种，并成为后者的永业田。这个政策极
具吸引力。大多数中国农民本身就是无钱置办土地的穷人，现
在有了官府极为优厚的政策优惠，移民开始纷纷涌入四川。康
熙七年（1668），四川巡抚张德地请求扩大招垦范围，鼓励外
省农民入川垦荒。康熙十年（1671），川湖总督蔡毓棠提出了
更为优厚的政策。他将招民授官的标准由七百名改为三百名，
即凡是有人能够招满三百人入川，就可以授予其一个县官的头
衔，而这个标准原先是七百人。并将起科年限由三年延长为五
年，即之前允许三年内可以不交公粮，现在延长到五年，并宣
布各省贫民携妻子入蜀开垦，准其入籍，登记为合法居民。而
像台湾在早年开荒时，垦荒者的家属还要经过审批才能跟随前
往。除了上级规定，很多地方政府还在上级的规定之外出台更
加优惠的政策。到了康熙二十九年（1690年），规定凡是当初
前来垦荒，现已定居的移民人口，现有土地一律作为永业田归
入其名下，而且定居户口的子弟都可以参加科举考试。这种地
方因为当时人口少，作为省份的水准比较低，录取标准也随之
降低。

雍正六年（1728）户部规定，以一夫一妇为一户，可分得

水田30亩或者旱地50亩。如果家中有兄弟子侄已经成丁，每丁另外增加水田15亩或旱地25亩。如果一户之内老人小孩多，负担较重的话，还可以酌情增加土地供应。颁发地契确立产权的同时，每户还额外补贴安置银12两。这样优惠的政策吸引了大批来自湖广、陕西、江西、安徽、广东、福建的移民，所以"填四川"的绝不仅是湖广。到现在成都还有客家人聚集的地方。当时全国遭受战乱、饥荒、灾害的又何止四川一地，其他地区的推力，再加上四川的拉力，一推一拉之下，四川就成了移民涌入的目的地，形成移民潮。到康熙三十一年（1692），四川新增户名197 965口。之所以能得到如此精确的数字，得益于当时政府发放的契约执照。到康熙五十五年（1716），成都等八府、嘉定等四州已按规定升科起征。已落户的移民开始按常规政策缴公粮、地税了。雍正时期移民进一步饱和，政府开始加以限制。乾隆年间，移民须在原籍申领印照，才可以出发去四川，即便这样移民仍源源不断，经常出现沿途堵截、移民强闯的现象。人为了生存的动力是巨大的，特别在看到同乡在四川已经有了土地，子弟甚至还考取科举的诱惑下，移民还是络绎不绝地奔赴四川。

随之而来的结果就是四川人口迅猛增加，甚至超过了原来的人口数量。乾隆四十一年（1776），四川实际人口大概为1000万，其中移民及其后裔占了三分之一；嘉庆二十五年（1820），四川人口达到2000万，这是前所未有的高峰。到清朝末年，四川人口已经大量地迁往陕南、云南、贵州、康藏地区，仅迁入云南、贵州两省的人口就超过了100万，而其中大多数是移民的后裔。同时，四川也引入了玉米、红薯、甘蔗、烟叶、楠竹等农业作物，形成了制糖、造纸、烟草等产业，农业也不断增长，经济大为发展，移民潮正巧赶上了新作物在中国的普遍推广。四川盆地本身的平原面积并不很大，占据大量比重的丘陵山区尤其适合种植这些作物。

在一系列因素的作用下，四川地区的文化教育程度也逐步提高，移民后裔人才辈出。到了近代，包括辛亥革命和中共早期的革命斗争中，四川同样贡献了众多仁人志士。我们的开国元勋朱德、邓小平、聂荣臻、陈毅等，都是湖广填四川的移民后裔。可以说，中国历史上"湖广填四川"是影响最大的一次移民，它的影响一直持续到近代直至今天。

闯关东、走西口

近代也有两次重大的移民，就是闯关东和走西口。

首先我们来说闯关东，也就是指对东北的移民。为什么这里要用一个"闯"字？我们先介绍一下它的移民背景。

顺治元年（1644），清军入关，清朝举国内迁至关内，东北随之荒废。清朝初年，沈阳向北基本上是荒无人烟之地。之后清朝就在沈阳以北一直到外兴安岭之间的广阔区域设立了两个将军衙门，地位大概相当于今天的军区，一个是黑龙江将军，一个是吉林将军，下面既没有府州县，也没有民户。康熙九年（1670）到二十年（1681），清朝又在沈阳以北修建柳条边。所谓柳条边，指多数地方真的就是用柳树枝编织而成的篱笆状屏障，边外为封禁地，但是有些地方是土墙。当然现在有些人会误解，以为这就是清朝的边疆，这是一种错误认知。但柳条边在当时的确是一条重要界线，规定柳条边里的汉人不许出边。边外是清朝宗族留下的"后院"，组织军队演习，以保持满人的尚武习气。连民众要去东北打猎、采珍珠、采野山参也被禁止了。之后清廷又在长白山周围建了一道柳条边，封住了长白山，原因就是清朝将长白山视作自己的龙兴之地，是"圣山"。当时的辽宁虽然也设立了奉天将军，但仍保留了锦州等多个州府，有正常的居民。

在多数情况下，柳条边是禁止通行的，但当中原出现水旱灾害时，难民和流民为了求生闯出去的行为有时也是被默许的。所以要出去就要"闯"，毕竟属于非法性质。而"闯"的另一层意思，体现在真正到了关外后的风险也是很高的。如果去关外是为了采参，且不说这种行为本来就是非法的，采参本身的风险也非常高。而对于开垦者来说，东北气候寒冷，当时又没有天气预报，全年下来很可能颗粒无收。更不用说当时的东北没有行政机构，也没人管理治安，劳动所得即使被人强占也不会有官家受理。闯成功了可能发财致富，闯不成功甚至有性命之虞。所以这项危险的移民运动就被称为"闯关东"。

而到咸丰十年（1860），政策出现了改变，清政府开始鼓励在东北放垦。第一个主要的原因就是来自沙俄的威胁。《瑷珲条约》签订后，黑龙江以北的土地几乎都被割让给沙俄，但在黑龙江以北仍有一块地方当时已得到满人的充分开发，即江东六十四屯，面积差不多1000平方公里。根据《瑷珲条约》规定，此地还是归清朝管，直到1900年才被沙俄强占。等到俄国人不仅占领了黑龙江以北，而且还进一步占据乌苏里江以东时，清朝意识到需要赶快移民来填充东北的空白，否则这些土地都有丢失的危险。

第二个原因就是来自太平天国运动之后清朝一系列的财政困难，需要及时的财政补充。而当时想到的办法就是荒地放垦，原先因为封禁而闲置的大片皇家牧场、猎场如果放垦的话，可以通过收取地租、地税来改善财政困难。

第三个原因就是柳条边外的非法移民已经不在少数，此时还不如承认现实，去建立行政机构加以管理。咸丰十年放垦呼兰透北荒原，十一年（1861）开放吉林西北草原，大规模移民由此展开。之后放垦的规模越来越大，且越来越向北延伸。同治三年（1864）开放伊儿门河流域，五年（1866）开放桦皮甸子（今吉林桦甸市北），七年（1868）开放盛京围场和吉林围场，连原先的皇家猎场也都开放了。

光绪四年（1878）取消汉族妇女不得逾越长城禁令，汉族移民可携家眷迁往定居。之前很多人即使到了东北，因为与家属两地分居无法安心定居，新规却促使大批移民举家迁移。光绪六年（1880），实行满汉同等待遇，规定放荒、免税、补助等三项优惠政策。荒地完全开放，开垦者在能力所及范围内开垦出的土地全部都可以成为他自己的，再加上免税和补助的鼓励，东北当时移民速度十分惊人。随着移民的推进，从辽宁到吉林，再到黑龙江，新的县治、府治纷纷建立起来。同治元年（1862），奉天也就是今天的辽宁，人口还是284万人，但是到光绪三十四年（1908）人口就增加到了1100万，其中500万左右是移民和移民的后代。吉林1907年的人口是4 416 300人，大多数人是移民和移民后代，因为吉林原先基本上是没有什么居民的。宣统二年（1910），吉林人口增加到4 840 100人，新增加了移民334 600人，到宣统三年已经达到5 722 639人，速度相当之快。黑龙江的人口在光绪三十三年（1907）大约为127万，到宣统三年已经达到322万。正是因为人口的大量增长，所以在1907年，奉天、吉林、黑龙江正式建省。

这些移民都是哪里的人呢？主要是山东人，其次是河北人、河南人，还有其他地方的人。山东当时迁到东北有两条路线，一条路线是海上，山东半岛到辽东半岛走海路很近。从历史渊源上看，辽东地区在明朝时期就属于山东省的管辖范围，海上交通承接了大批的移民转运。另一条路线就是走陆路，通过山海关进入东北，移民主力依然是山东人，其次是河北人与河南人。

关于闯关东的伟大贡献，简单来说，如果没有闯关东，没有这批前赴后继的移民，东北的主权将进一步沦丧。《尼布楚条约》签订后，俄国并未停止侵略扩张的脚步，相比之下，清朝却采取了继续封禁的政策。当时的沙俄"探险者"如入无人之境般地渗透进了远东地区。直到现在很多俄国历史学家仍坚持当时的侵略殖民行为是"开发新土地"。对方认为这是一片无主之地，当初沿着黑龙江顺流而下，一路不见人烟，自然认为所见的土地是可以占领的。而正是因为江东六十四屯已经有了中国人的定居，所以即使在《瑷珲条约》中，俄国也不得不承认这一地区归中国管辖。不过，在八国联军侵华战争中，俄国军队强占了江东六十四屯，当地的中国百姓惨遭荼毒。

"九一八"事变后日本侵占东北，而当时的东三省已经有了3000万人口。正是这3000万中国人，才使得日本人既不敢也不可能像吞并朝鲜一样直接吞并东北，而只能通过扶植伪满洲国，在背后实际操控。因此，日本在1932年，也就是"九一八"事变后的第二年制订了《满蒙移殖民事计划书》，准备在十年之内向伪满洲国迁入500万移民。日本人预测十年以后，伪满州国的人口应该是5000万，如果其中500万是日本人，那么东北就将控制在日本人手中。日本组织"开拓团"，组织北海道等山区的日本贫民迁往东北，将东北当地农民赶走，抢占他们的房屋和土地。到太平洋战争爆发，日本已经没有足够的人口迁往东北了。尽管如此，到日本战败时，东北和内蒙古的日本移民已经达到120万，其中已经定居下来的人数为31.8万。直到改革开放时，东北和内蒙古还有大量的日本战争遗孤，这些人大多数是当年的开拓团或迁入东北的日本人的后代。战败后日本人被遣送回国，有的已没有能力带走子女，还有一部分孤儿因为失去了父母无人带走，这些孩子就被中国人收养。所以我们完全可以说，如果没有这3000万中国人，东北就会面临和朝鲜一样的命运。所以我们讲到移民，特别是边疆或新开发区的移民，一个很重要的意义就是，只有拥有大量的居民，才能够守卫边疆、巩固边疆，才能维护国家的统一。

闯关东在经济上的意义同样重大。东北一度成为中国的重工业基地。到20世纪30年代，东北的钢产量已经超过100万吨，当时东北生产的大豆产量达到世界第一，这些都是移民做出的卓越贡献。今天我们回顾历史，不能忘记当年那些冒着风险，甚至不惜牺牲生命去闯关东、去守卫我们这一块领土、去开发我们这一块领土的先民。

而与闯关东相提并论的另一场大规模移民运动就是走西口。简单来说，走西口主要是山西、陕西的人通过长城的关口迁到内蒙古和外蒙古，其中又以山西人为主。移民大多数从长城上面的杀虎口等关口前往内蒙古，到内蒙古落脚后再继续迁徙，有的迁到外蒙古，有的还到俄国经商。清朝在一开始也不允许汉人外迁，在蒙汉分治的背景下汉人不许去蒙古地界。但是蒙古的王公富商有谋利的需求，往往私下招徕汉人去开垦荒地。但是被雇用的农工是季节性迁移的，这些人就被称为"雁行人"，意思是像大雁一样，春天去开垦，秋收以后又回来，无法落户，更无法定居。到19世纪后期，清朝也开始在蒙古实行放垦政策，原因和当时的东北一样，沙皇俄国咄咄逼人，一直想侵占外蒙古。清朝在东北放垦的同时，也宣布在内蒙古放垦，一方面为了增加人口，巩固地区稳定；另一方面也为了缓解内蒙古和外蒙古财政上的贫困。之前的流动人口在放垦后可以正式入籍并定居。到1911年，土默特地区，也就是今天从呼和浩特到包头之间这一带的移民及其后裔已经超过了200万，而这一批移民的主要目的就是农垦。

除了开垦之外，经商也是走西口的另一个重要目的。当时贸易的主要形式，就是将内地的粮食、日用品、茶叶等货物卖到内蒙古、外蒙古，并且将茶叶之类的特产出口到俄国。当时的商人出山西后基本上先到包头，然后到归化城（今内蒙古自治区呼和浩特市玉泉区），再到乌里雅苏台（今蒙古国扎布汗省），最后到买卖城（南恰克图，今蒙古国色楞格省北部蒙俄边境）。这条路线本来一直很兴盛，直到海运发达后，运输成本大为降低，茶叶出口就主要改为了海运。本来茶叶是走陆路到达俄国，再销往欧洲。海运通航后茶叶可以直接销往欧洲。到西伯利亚大铁路开通，中俄贸易又重新改为了铁路运输。蒙古国"独立"后这条商路才最终消失。所以我们说走西口的人分两种，一种是农业移民，另一种是经商者。

走西口同样有着重要的历史意义，口外地区逐步得到开发，除了刚才讲到的土默特，最为著名的还有鄂尔多斯，清朝以"黑界地"为名将此地封锁，禁止汉蒙人员进入。康熙三十六年（1697）向汉民开放，但仅限于雁行人，不许落户，后逐步扩大移民规模。光绪二十八年（1902），鄂尔多斯全面开放，到清朝末年移民已经超过40万人。因为地靠陕西，移民便以陕西人为主。

另外还有河套地区，乾隆之后，晋陕商人聚居包头，向蒙古王公包租土地，随后交付给雁行人耕种以牟利。道光五年（1825），两家大的商行在缠金雇用工人修建了灌溉系统，由48家商户共同经营。水利工程发挥了巨大的作用，到清朝末年，报垦的土地达2万顷。人们都说黄河流域遍地灾害，只有河套因黄河获利，因为河套地区黄河水量丰沛，长期冲积的平原极为肥沃。像这样大的水利工程一般的移民是没有办法兴建的，只能依靠商人承包土地后雇用工人集中建造，组织开发水利工程。而这些水利工程直到今天还在发挥效益。

走西口在经济开发的同时，也起到了巩固边疆的作用。众多汉族移民充实了边疆。辛亥革命之后，尽管俄国的侵略者多次策动，也没有办法将内蒙古分离出去。大批的内地移民已经将内蒙古，特别是呼和浩特周围开发成了定居的农业区。走西口的移民和闯关东的移民一样，为巩固和开发祖国的边疆做出了巨大的贡献。

下南洋

在了解完闯关东和走西口后，我们再讲一讲另一次有重大意义的移民，那就是下南洋。

很多人一直有一个误解，认为中国既然有着漫长的海岸线，在历史上肯定是个海洋大国，但事实并非如此。因为人类对海洋的需求不是天然的，而是需要带有明确的目的，即使靠近海洋也未必要到海洋上去活动。中国有丰富的土地和陆地资源，在历史上长期处于农业社会，而农业和手工业能够生产出足够的粮食和日用品来满足自己生活、生产和生存的需要。世界早期历史上的海洋大国，都是本身资源匮乏，地理环境狭促，多山或地处海岛，粮食无法自给自足，典型如希腊。中国的情况则正相反，陆上安定且富足，粮食生产足够。所以在古代中国人眼中，海洋的主要作用是提供鱼盐之利。盐，除了内地可开采的岩盐和井盐外，最重要的来源就是海水晒盐了。再就是鱼，海鱼资源，但需要注意的是，海鱼在没有形成食物保鲜技术的时代是很不值钱的，捕捞上来的鱼只要时间稍微长一点就会腐坏。曾经的上海菜市场里最便宜的就是小黄鱼。因为缺乏冷冻技术，上午捕捞的，到下午还没卖出去的话就要坏了。现在的所谓海味都是食品加工科技下的产物。除了鱼盐这两样，天然气、石油、锰结核、可燃冰，这些资源古人更不会知道，也用不上。

从政治和军事的角度来看，中国历来没有受到来自海上的威胁，直到明朝沿海地区出现倭寇入侵，才开始在诸如宁波、镇海等地设立卫所。在更为长远的历史中，既然没有海上威胁，也就谈不上巩固海防，修造战舰。西方则不然，历史上希腊与波斯、罗马与迦太基都曾围绕海洋展开激烈的角逐，当然要重视海洋与海防，而中国在16世纪之前是没有这方面威胁的，也就很难孕育出今天所说的海洋意识、海洋文化。尽管春秋时期就已经有吴国军队渡海到山东的事迹了，但这一方面的原因是近海航行，另一方面是难以从陆上调兵后的迫不得已之举，正常情况下是不会冒海上风险的。

而更加重要的原因是能够安全航运到的地方缺乏吸引力。比如，山东半岛通过海洋能够辐射到辽东和朝鲜，中国在历史上也完全有这个能力。孔子在《论语》中就提道"道不行，乘桴浮于海"——如果我的主张在这里行不通，不如渡海而去。如果孔子真想付诸实践的话，那么作为山东人，他的落脚点不是辽东就是朝鲜。事实上在秦始皇统一六国，以及西汉初年吴楚七国之乱时，的确有很多山东难民乘船逃到了朝鲜半岛。不过就实际而言，无论是辽东还是朝鲜，在当时都没有什么吸引力，因为他们总体要落后于陆地地区，只有难民和流民才有渡海而去的动力。

正因为这样，长期以来，海外对于中国内地的人是没有吸引力的。但是，局部地区的情况就不同了。

福建和粤东地区在历史上逐渐产生了对移民的推力。这些地方多山少地，农业生产的规模有限，人均土地占有面积很小。在这种情况下，人口稍微增加到饱和后就出现生存压力了。如果当地人要向内地发展，也会受到自然和人文条件的双重限制。比如福建，如果往江西移民要翻越武夷山，前往浙江的话有仙霞岭阻隔。而且由于长期的交通阻隔，福建在人文方面同江西和浙江都有着显著的差别，包括语言。在人口压力日益严重、同内地之间存在风俗文化差异的前提下，福建移民自然只剩下了一个方向，就是向海上发展。

闽南人、客家人也处在同样特殊的条件下，所以他们养成了吃苦耐劳、适应性强，敢于冒险的特点。他们的宗族观念和乡土观念特别强，同一宗族之内或同乡常常相互扶持。从自然条件看，福建和粤东地区海岸线长、海湾多，附近岛屿多，拥有很多优良海港，适合航海和海运。因此在历史上这些地区便利用海洋进行发展。明朝实行海禁期间，就有部分福建商人进行走私贸易，甚至雇用日本人组成"倭寇"和官府对抗。而地方政府也知道对外贸易能够提振经济，再加上走私商人的贿赂，对于走私贸易往往睁一只眼闭一只眼。等到上级来检查或镇压，地方官员便例行公事，将走私商人赶到海上去，或者通知他们赶快转移，这种条件就让福建、粤东地区逐渐产生了对移民的推力。

相对应地，南洋与海外又存在着对移民的拉力。这种拉力表现在当地丰富的土地等初级资源相当，如大量未被开发的土地、矿产、森林资源。而且当地人口本身就稀少，更缺乏有技术，能承受高强度、高风险的优质劳动力。相比之下，福建人、广东人和客家人则更为吃苦耐劳，长于技术。另外，西方殖民者已经开始在东南亚进行殖民活动。比如荷兰的东印度公司已经开始布置产业，建设种植园、橡胶园，开锡矿、金矿等初级工业，对劳动力有特别的需求。当地的劳动力一方面人数不够，另一方面能力不足，来自中国的移民自然成了合适的人选。

东南亚同样吸引着中国的走私商人。中国的白银本身是稀缺的，一个原因是缺乏大型优质银矿，且开采时间早。另一个原因是很多中国人得到银子后就不再将它继续流通了，而是做成首饰或物件自己使用。还有些地主富商获得白银后也不再扩大经营，而是当作财富储存，或埋在地下留给子孙。所以到了明朝的时候，市面上流通的白银越来越少，价格越来越贵。与此同时，西方殖民者已经拥有了美洲的银矿、墨西哥的银元。只要与他们进行贸易，白银就能大量流入。但政府当时偏偏禁止外贸，自然就有走私商铤而走险。同样的货物在国内贸易利润低下，卖给外国人不仅价格高，而且能兑换白银。所以从明朝后期到清朝，大量的白银就是通过走私贸易的方式输入中国的。这同样是南洋与海外对移民的拉力。

在这一推一拉之下，大批人口纷纷涌向海外。西方殖民主义者一度用拐骗、劫持的方法买卖中国的苦力和劳工。随着时间的推移，这种暴力形式慢慢就被废除了，转变为生存型的输出移民。大量华人迁移到东南亚，后来又进一步扩展到其他地区，比如从南非到非洲，还有些人到了拉丁美洲，包括古巴、秘鲁等地，甚至扩展到了北美。美国西部发现金矿后就吸引了大量的华人移民，美国、加拿大在修造横跨大陆的铁路时又雇用了大量的华人劳工。

这批海外移民对国家的贡献是很大的。首先，他们缓解了迁出地的人口压力，尽管对整个中国起的作用不大，毕竟中国到清朝后期的人口基数已经达到了三四亿，但对于他们所在的地区，比如一个县原来有六十万人，每年若能稳定输出六千人，甚至一两万人，基本就可以抵消本身的人口增长，缓解人口压力，留下的人可以获得比较充足的土地。

其次，这些移民实际上扩大了中国人的生存空间和发展空间。现在东南亚的很多国家尽管华人的比例并不高，少者不过百分之十的比例，却控制了当地的经济命脉，经济上的控制率达到百分之七八十以上。许多华侨长期资助自己的故乡，侨汇、侨资曾经是我们很多沿海地区主要的收入来源。很多侨乡与建筑的建设，包括现在已经被列为世界文化遗产的碉楼，都来自当初那些华人华侨落叶归根的信念。

下南洋的海外移民也在客观上传播了中国文化。特别重要的一点是他们都先后融入了当地的文化，这实际上使中国文化对当地起到了一种潜移默化的影响。但我们也不能因为有大量的华人在海外，就夸张地认为，东南亚的文化就等同于中国文化。当初迁出去的华人基本上出身底层、文化程度有限，他们带出去的更多的是一种民风民俗，而且只限于他们聚居的地方。在国内已经考取了秀才、举人或者已经有了社会地位的人士并不会加入移民大潮。更多的移民是在当地学习成长，吸收当地的文化。我们现在看到很多华人社区内部保留了较多的中国民风民俗，主要也是当初他们带出去的文化。

到了近代，海外侨民对中国革命，特别是辛亥革命给予了很大的帮助。孙中山在发动革命的过程中长期处于捉襟见肘的境地，因为发动武装起义需要充足的武器和资金，而最终，这些资源主要就是靠海外华人资助的。孙中山也曾向外国人求援，但外国人并没有真正用心支持，甚至还希望通过援助起到控制中国革命的目的。所以孙中山几次到海外活动，最终都是海外华侨提供了大量的资金援助，甚至有些华侨在孙中山的号召下直接参与了革命，黄花岗起义的烈士中就有华侨人士，所以孙中山说华侨是"革命之母"。

抗日战争期间，华侨也给了祖国巨大的支持。他们首先在海外募捐，募集到的资金用来购买武器、通信工具、药品，这些都是重要的物资资助。典型如华侨领袖陈嘉庚，仅他个人就募集了大量的资金。他们还看到我们内地交通的困难。当时国内没有制造汽车的能力，需要从国外进口，即使有了汽车也没有足够的司机，华侨便在南洋组织了南洋机工队。很多原先已经在当地定居入籍的华人纷纷放弃了原来的工作，转而当志愿者到内地做汽车司机或维修汽车。而当时内地并没有人召唤他们前来，基本上是海外侨民自发组织的。南洋机工队为抗日事业做出很大的贡献。在滇缅公路，以及很多战事艰险的地方，都是南洋机工队冒险保障了交通的运转。中华人民共和国成立以后，华侨也纷纷回国投资、寄来侨汇。改革开放以后，在很多地方，尤其是侨乡都有他们建设的身影，同时他们还作为媒介引入商品、技术、人才、外资外企。所以我们可以看到，下南洋对中国的重大历史意义体现在各个方面，我只是举了其中的一些例子而已。

最后还有一点需要大家明白，那就是华侨与华人的不同。现在东南亚的华侨很少，主要是华人。那么这两者有什么区别呢？已经获得外国国籍的我们只能称为华人，不能再称为华侨了。华侨是指还保留中国国籍，拿中国护照的，即使他取得了海外的永居权。比如一个人在美国拿了绿卡，但依然是中国公民。最新的人口普查就包括了那些旅居国外，但是还没有入外国国籍的本国公民，这些人就是我们所称的华侨。而已经加入外国国籍的人士，就被称为华人或者华裔，对于这个群体来说，再想界定其身份就比较模糊了。比如说一个人的父母都是华人，那他自己也是华人，这没有问题。但如果父母中的一方是外国人，那他还是否算华人，往往就取决于他们自己的认同。有些人即使金发碧眼也自认为是华人，当然不认同的也有不少。简单来说，这是一个文化认同的范畴，而非政治认同，对于国家而言，护照才是界定标准。

但是，东南亚华人的情况比较特殊。中华人民共和国成立以后，很多东南亚国家受帝国主义的挑唆，忌惮当地的华人。一些帝国主义造谣诬蔑，说东南亚的华人都是我们的"第五纵队"。1980年我国颁布了《中华人民共和国国籍法》，宣布不再承认双重国籍。这就需要当地华人自己做选择，是保留中国国籍成为华侨，还是放弃国籍成为华人。很多移民已经世代定居当地，特别是到了20世纪中后期，像印度尼西亚出现了迫害共产党和反华暴行，其他一些国家则强制要求华人归化，如果不入籍就不能享受当地权益，因此绝大多数华人被迫选择了外国国籍，能够保留中国国籍的是极少数。现在东南亚的华侨，大多数是改革开放后的新移民。所以我们在讲到海外移民的时候要明白，华人和华侨是两个不同的概念，不能混淆起来。

上海人讲的是上海话吗

另一个跟移民有关的话题，那就是上海的方言。为什么选择上海呢？倒不是因为我自己在上海待的时间最长，而是因为上海的方言最能够反映移民的特色。道光二十三年（1843）上海开埠以前，上海外来移民很有限，流动人口也不多，所以上海人就讲上海本地方言，唯一的差别是城乡之间的差别。因为当时黄浦江没有桥，只有渡船，浦东浦西间相对隔绝，所以浦东人的方言跟浦西、跟城里，都有很大的差别。但是开埠以后方言变化很大，租界内逐步形成租界内通用的上海话，而乡下人的话叫本地话。在租界上海话的影响下，华界也逐步讲上海话了。华界就是苏州河以北——闸北，还有老城厢（在今天中华路人民路内）这一圈里面的城里，这是华人的地方。但这个上海话不是原来上海的方言，它是一种上海以移民的原方言为基础形成的新方言。

为什么讲上海话是新方言呢？因为上海的移民超过本地人，在租界里面百分之七八十的人是外来的移民，外来的移民中大多又来自上海附近的江苏南部、浙江北部等地，他们原来讲的话跟上海话差别并不是很大，都是吴方言，再加上很多主要移民、强势移民的词汇就形成了上海话。

比如上海人讲"阿拉"（我们），本来上海话不是这么说的，上海话是"伲""吾伲"，宁波人才讲阿拉，因为在上海租界宁波移民多，有好多上层人物，影响大，所以慢慢地，上海人包括新来移民就用"阿拉"来讲我们了。又比如上海话里面叫父亲"阿爸"，这也是宁波话，上海本地话本来叫"老爹""爷"。又比如上海话表示惊叹说"乖乖"，"乖乖"原来是苏北话"乖乖隆地咚"，上海人也学了，碰到就说"哎哟乖乖"。不仅如此，上海话甚至把很多英文词汇也改造成为上海话，比如上海人讲"嗲嘞""吓嗲"（好极了），这个"嗲"就来自英文"my dear"。又比如上海骂人不地道说"肮三"，比如这个人"肮三"，这是"肮三货"。这是因为看了外国人的商店里打折货上写"on sale"，上海人认为货品改价，货肯定是不好的，所以就把"on sale"变成了一句奚落人、骂人的话——"肮三"。还有的上海话是直接引进的外来词汇，比如中国原来没有的"咖啡""沙发"，是上海话先引进，然后普通话里再引进，直接按发音音译，还有"司必灵锁"（弹簧锁，spring lock），"麦克风"（话筒，microphone），"水门汀"（水泥，cement），都是这么来的。上海话里还创造了一些英语里面没有的词，比如上海人把屋顶上开的天窗叫"老虎天窗"，其实这是英语"roof window"，上海那些洋泾浜（本地的土著翻译）知道"window"是窗，就翻译成窗，不懂"roof"是屋顶，听着发音是"老虎"，就翻译成了老虎窗。英国人听不懂什么是老虎窗，不知道这其实就是"roof window"，前面是音译，后面是意译，音译意译混在一起就变成了这样的词。上海一度把证件称为"派司"，因为上海人看到外国人护照叫"passport"，所以把所有证件都叫"pass"，比如月票、季票。假如以前你到人家门口去，门房的老头说，"哎，'派司'拿出来看看啊"，意思就是证件拿出来看看。工会证是红色的，那么就是"红派司"。这样的例子还有许多，但这些都不是上海本地方言，因为上海移民多，其中强势移民用的词汇、语言就成了新上海话的一部分。宁波人、苏北人、苏州人都是人比较多或者强势的移民，英国人、美国人在租界里面更强势，当时那些拉黄包车的、蹬三轮的为了拉外国的客人，他们也学英文，因为不学英文就没办法拉外国人。有些做买卖的人以前需要通过中介沟通，后来为了做买卖就自己学英语。上海讲洋泾浜英语，为什么叫洋泾浜？因为延安路那里有条小河叫洋泾浜，洋泾浜的一侧就是租界，谁要学英语就跑到租界边上去听外国人怎么讲，上海英语、宁波英语就这么出来了。有的人一口宁波话，但其中夹杂着英语单词。宁波人为了学英语编了很多顺口溜，老老少少都会念：来是康姆（come）去是够（go），爷是发茶（father）娘卖茶（mother），洋钱一块混淘箩（one dollar）。这些话有的就融合在了新方言里面。

移民跟方言的关系取决于移民跟土著之间的关系。一般一个地方土强客弱，土著人多势力大，那么移民进来要接受本地的语言。比如很多人到香港、广东，广东人可不会迎合你，所以只好去听广东话，学广东话，但广东话很难学，所以我有些朋友到那里好多年了，听得懂却不会讲，或者讲起来比较勉强。但如果是土弱客强呢，像上海，土著人口占不到30%，其他都是移民，这种情况下土著不得不接受移民的方言。如果土客相当，就可能形成新的方言，因为大家都需要你听懂我，那么就融合，或者大家接受形成新的方言。如果是多元移民，移民不止一个地方，移民之间也相互听不懂，比如说浙江有一个农民城——浙江苍南县龙港，农民进城自己建了个城，这个城规模很大也很发达，比一般的北方县城，甚至比北方有些地级市都大。他们有四个主要的移民来源，讲四种方言，有的方言之间通不了话，所以龙港城里面就流行讲普通话。

聚居的移民定居下来往往既保留原来的方言，也学习本地的方言。上海是因为移民方言都比较接近，所以不用形成新的方言。比如我出生在浙江湖州南浔镇，我到上海来，上海话基本上听得懂，但是我有些发音和上海话不同，当然只好学本地的发音。移民里面总是主流移民的方言地位高，散居的移民更倾向使用本地方言，但在家庭内部有的还继续讲原来的方言。聚居移民往往是这样。比如以前上海的苏北移民，他们居住很集中，所以他们在自己社区里面照样讲苏北话，甚至出生在上海的孩子也讲苏北话。改革开放以后，苏北人聚居的几个地方——弹子湾，还有闸北一些地方——被拆迁了，拆掉以后就没有聚居的苏北社区了，现在可能有老人还在说苏北话，但年轻人都已经要么讲普通话，要么讲上海话了。

移民跟方言的关系很复杂，有的人问，我们要不要保留方言呢？很难保留。因为方言本身是不断变化的，比如现在的上海话其实跟以前的上海话已经有很大差别了，我们讲的话跟清朝末年、跟民国租界里讲的话也有很大差别，有的用词都变了。语言本身是人际交流的工具，它是随社会变化的，有些词现在都消失了，不再使用了。比如以前把那些小流氓叫阿飞，如果在以前就叫打击流氓阿飞，现在早不用阿飞这个词了，当然更不会用这样的口号了。又比如有些词的读音都变了，或者同样的词意思变了，还产生了很多新的词。方言本身是变的，如果说保卫上海话，那到底是保卫20世纪50年代的上海话，保卫清朝时候的上海话，还是保卫现在的上海话？

但方言还是很有保存价值的。现在语言学家们保留语言，或者要保存方言，都是找到比较标准的方言，然后录音录下来。比如他要保存上海话，不是随便在马路上拉个人就行。这个人一般是70岁以上的，而且一辈子都没有离开过上海，还要看他的配偶，看他家里共同生活的人有没有外地人，也就是他应该没有或很少受到外来方言影响，而且他记忆力要比较好，不能把昨天的话当成50年前的话，这样的人要找多个，请他们录下来一些词的发音，形成数据库。比如建立20世纪30年代标准沪语库，20世纪40年代标准沪语库，只有用这个办法才能把它保存下来。有人提议说我们能不能不要通用语言，不讲普通话，上海人只讲上海话？这也不行。因为中国的方言差别太大，如果各地都讲本地话，不同地方的人就没有办法通话，甚至连政令上通下达都办不到，这不是只靠统一的文字能解决的事情，必须有一种通行的语言。普通话的概念其实早已存在，民国时候叫国语，再往前叫官话，大家都用通行的语言就可以免除方言的间隔。

真正的方言保存要靠专家学者把它做成数据库，如果想保留通常讲的方言，可以在家庭里面讲双语或者多语。我在海外碰到有些华人家庭，已经在当地定居几代了，但是孩子照样会讲上海话、广东话、普通话，他们在家中规定，不管在外面讲什么语言，在家里不许讲英语，不许讲法语。现在有些人抱怨上海的孩子不会说上海话，怪谁？怪家长！为什么孩子从小在家里你就跟他讲普通话？怕他上学后学不会吗？其实你完全不用担心，十几岁以前的孩子语言能力很强，完全可以双语、多语。

　　对移民跟方言的问题，我们要用理性的、开放的心态去看待。

近代篇

马寅初：众人皆醉我独醒

关于中华人民共和国的人口变迁，关于计划生育，关于现今中国面临的人口问题，有一个人我们是绕不开的，这个人就是中国当代人口学家马寅初。原因何在呢？1957年马寅初在提出"新人口论"后不久就受到了批判，所以现在很多人认为，如果当初接受了他的"新人口论"，从20世纪50年代末就开始实行计划生育，中国也不至于造成那么严重的人口问题。事实究竟是否是这样，我们首先要看马寅初的"新人口论"到底包括了什么内容。

马寅初此前就写过文章，也提过意见，但他比较系统地提出"新人口论"是在1957年6月的第一届全国人民代表大会第四次会议上，概括起来讲，"新人口论"包括以下几项内容。

第一，中国已经存在着人口问题。第二，相对人口过剩，属于人口压迫生产类型，主要反映在人口增长太快，生产力无法满足人口的需求。第三，解决的途径和具体的方法，首先是发展生产，生产力提高可以养活更多的人口，但这样还不够，那么其次就是控制人口数量，要求实行计划生育，提倡晚婚晚育，结婚年龄建议男性为25岁，女性为23岁。只要婚龄推迟，相应的育龄时间也就缩短了，可以少生孩子。另外还要用经济手段来推行计划生育，运用行政手段来控制人口，最后提高人口质量。

"新人口论"总体来说可以归结为以上这些内容，但问题在于，"新人口论"是不是只有马寅初想到了？我们现在一般说"众人皆醉他独醒"只形容了马寅初一个人，但事实并非如此。针对中国人口问题的讨论在近代就形成了两种不同的观点。

孙中山认为中国人口太少，增长太慢，据他估算中国在全世界人口中的比例并非在继续增加，反而有可能在下降。如果西方列强人口占比逐渐提高的话，中国就会受到侵害。因此出现了中国要想强大就必须持续且快速地增加人口，增加中国人在世界人口中的比例这样一种观点。梁启超也认为中国人口要增加，他认为中国不存在人口过剩。但是梁启超有一个观点与别人不同，那就是增加人口可以用其他办法，但不能早婚，他认为早婚弊大于利，会造成很多危害。归根结底，他们都主张中国人口要多增加、快增长。

而另一批主要受过西方人口学、人类学、社会学学术训练的专家，则主张控制人口，节制生育。比如我国人口学家陈长蘅在1918年就已经提出这个观点，此外像吴景超、李景汉、乔启明这些有留学背景的专家也提倡控制人口，节制生育。他们对一些现代人口理论比较了解，意见与孙中山相左，认为人口不是太少，而是太多。这种观点在当时已经影响到国民政府。1941年抗战期间，国民政府社会部组织了一个人口政策研究委员会，陈长蘅、陈达、孙本文、许世瑾、潘光旦、张鸿钧都参与了。经研究，他们的意见是一致的，认为中国要控制人口，而这个意见也得到了采纳。

1945年5月，国民党第六次全国代表大会正式承认节制生育是合法的，在这以前节制生育没有取得合法的地位，并且国民党的第六次党代会通过了有关决议，准备将这项政策在全国推广。但后来随着内战的爆发，这个计划实际上并未实行。但这也说明了，在当时并不是只有马寅初一个人看到了这些问题，不过因为马寅初的地位和声望很高（1949年担任中央政府委员，相当于副国级领导人，1951年担任北京大学校长；中华人民共和国成立前马寅初坚持正义，抨击蒋介石，所以他的声望和地位很高），所提出"新人口论"的影响自然也就特别大。

但是，为什么"新人口论"会受到批判呢？第一个原因就是"新人口论"被曲解为马尔萨斯的理论。这种批判的理由就在于马尔萨斯也认为人口要控制——马尔萨斯认为生产力的增长是算术数级的，但人口的增长是几何数级的，也就是翻倍的，生产力增长自然赶不上人口增长。他认为解决办法就是通过严酷的劳动生活条件、极度的贫困、儿童恶劣的抚养条件、普通疾病、传染病、战争、瘟疫、饥馑等因素来减少人口，那么自然是不能将马寅初的理论与其挂钩的。在当时，马克思主义一直批判马尔萨斯理论是反动的法西斯理论。在马寅初提出"新人口论"后，有人就批判他的这个"马"不是"马克思"的"马"，而是"马尔萨斯"的"马"，这样一顶帽子自然是马寅初无法承受的。

第二个原因就是时人对中国人口的历史和现状并不了解。

20世纪50年代进行的全国第一次人口普查突然发现中国人口已经5.8亿了，而按原本估计中国人口只有不到5亿。这种情况在当时连那一批留学西方的学者也不了解，甚至于直到今天，我们好多人也根本不了解中国人口史，不清楚历史上人口也曾快速增长的事实，以为中国人口始终不足。所以在当时，除了那些通过现代人口学、社会学、人类学理论取得结论的学者外，大部分人是不了解中国人口状况的。即使是马寅初本人在那时也不完全了解中国人口的历史，因为在客观条件上当时还没有做过这些方面的研究。

第三个原因就是当时中国已经出现了第一次人口转变，开始由高出生率、高死亡率、低增长率模式转变为高出生率、低死亡率、高增长率模式，尽管这个进程在晚清时就已经开始了，但因为受到之后历次灾难与战乱的影响，这种模式转变的功效尚未显示出来，也没有彻底完成。中华人民共和国成立以后，人民有了强烈的生育意愿，历史上多少年大家都盼望子孙满堂，但从未达到过，所以在社会安定、生活条件改善的条件下，新迹象开始逐渐显现。而马寅初在此时提出节制生育的倡导，人们自然接受不了，于是成了众矢之的，引来了当时从上到下的强烈批判。

总之在各种因素下，马寅初在1958年后受到了当时社会的一致批判，而马寅初也坚持不做出让步，不同意做自我批评。不久，马寅初北京大学校长的职务被撤去，后来又被免去全国人大常委会委员。不过马寅初活到了一百岁，见证了"四人帮"的倒台与"文化大革命"的结束，获得了平反。

马寅初被批判还有两个背景，第一个就是1958年的"大跃进"，社会上下都极度追求生产力的大发展，并提出了"跑步进入共产主义"和"赶英超美"的目标。而人口则被认为是这一切的前提，马寅初控制人口的理论无疑与当时的社会理念是背道而驰的，因此遭到了否定。

另一个背景就是苏联的影响。当时的苏联还是社会主义阵营中的"老大哥"，在卫国战争中苏联失去了大量男性。因此在"二战"以后，苏联在国内大力鼓励生育，生育多的妇女可获授"英雄母亲"勋章以及其他奖励。中国也学习了这一点，对多生者会给予名誉和物质上的奖励。当时，多生育是一种社会主义优越性的体现，马寅初的理论则被视作对社会主义的污蔑。结合种种因素来看，已经不是一两个人反对马寅初，而是在当时整体形势下，甚至可以说包括经济学界在内的大多数人都在反对马寅初。

那么，如果当初遵循马寅初的理论，是否真的可以避免后来被认为的人口超量呢？我认为历史要根据事实说话，不能假设。其实马寅初人口理论中的计划生育，在今天看来还是很温和的，并没有很严格，而且马寅初对中国人口的发展趋势并不一定就已经有了很明确的认识。但从客观来说，对马寅初的错误批判的确导致我们对人口的急剧增长放松了警惕，很多可以尽早实行的措施因为对"新人口论"的批判最终被搁置。实际上国务院很早就成立了计划生育委员会，说明其实国家也有控制人口的想法。这样的分析才比较实事求是。

计划生育四十年

我们今天以为计划生育是直到20世纪80年代才被提出，其实中央对此早有考虑。1964年，国务院就成立了计划生育委员会，1973年，国务院专门成立了计划生育领导小组，开展计划生育，当时提出的倡导是"晚、稀、少""一对夫妇最多两个孩子"。实际上像当时的上海，在大多数知识分子家庭中，早就是两个孩子甚至一个孩子了。因为在最初这只是一种提倡，所以也没有采取什么具体的措施，而是以宣传教育为主。到1978年12月3日，天津医学院（现天津医科大学）44名女教职工共同提出了独生子女的倡议书，提倡一对夫妇一个孩子。究竟是她们自发提出的还是有关部门组织的已无从考证，但最早公开提出"只生一个"的不是政府，而是这44名女职工。

1979年1月26日，全国计划生育办公室主任会议提出，应该提倡一对夫妇最好生一个孩子，最多不超过两胎，生育间隔三年以上，对生育独生子女的家庭应给予表彰，对三个及以上的应给予经济处罚。大家注意，此时对于一胎的态度仍是倡导而非规定，如果需要生二胎，间隔时间要在三年以上，只有三胎才进行处罚。实则是提倡一胎，允许二胎，处罚三胎及以上。

但是形势越来越严峻，到了1980年9月25日，中共中央发布《关于控制我国人口增长问题致全体共产党员、共青团员的公开信》，直到此时仍不是法律或规定，而是要求共产党员、共青团员带头搞计划生育，实际上还是一个倡议。但同年中央进一步采取了法律措施，即修改了《中华人民共和国婚姻法》，其中规定要鼓励晚婚晚育，将婚龄提高到男22岁，女20岁，而原来是男20岁、女18岁，并规定夫妻双方都有实行计划生育的义务。在此之前避孕都是针对女方而言，在公布计划生育政策，并开始严格实行以后，避孕手段为妇女放置节育环、男子结扎。同时，男方也可以成为女方的家庭成员，子女可以随母姓，以前的入赘变成一种成为女方家庭成员的行为被写入婚姻法，此外法律还规定了禁止虐婴和其他残害婴儿的行为。

原先很多地方还盛行姑表亲、姨表亲，表兄妹之间结婚，这些行为被证明确实造成了新生儿的先天疾病和下一代人口素质的下降。这类现象在有些边远地区更为严重。1981年我到新疆塔什库尔干，当地政府告诉我们，这里社会治安良好，最大的问题就是要劝阻民众血亲结婚。当地本来有种习俗，就是亲上加亲、家族内部通婚，这种行为造成了很多危害。当时为了制止此类行为，婚姻法就做了正式规定。

那么，当时对计划生育的实施为何如此急迫，措施为何越来越严厉。这里有一个背景，当时的人口学家和经济学家们有一个预测，比如研究控制论的宋健和经济学家田雪原，据他们预测，中国总人口在2000年前如果控制在12亿，到21世纪初的前20～30年就不用担心老龄化。他们对此进行了计算并发表了正规论文。1980年9月，在五届三次人大政府工作报告中确定要把人口控制在12亿之内，并为历次人民代表大会确认，载入"六五""七五"计划。

到1982年初，中共中央、国务院就正式发布关于进一步做好计划生育工作的指示，到这时已经不是倡议和号召了，也不只是党员、团员起带头作用了。根据指示规定，国家干部、职工、城镇居民除特殊情况外，一对夫妇只生育一个孩子。怎么定义特殊情况呢？比如说夫妻生育的第一个孩子有先天性疾病或残疾，经过批准后可以生第二个。根据指示，在农村也普遍提倡一胎，确有困难要求生第二胎的，经过审批后可以有计划地安排。因此在农村出现特别多的一种情况就是第一胎是女孩后，要求生第二胎。申请之后还要等待分配准生证，一般是需要和一胎之间有一定间隔时间才可以分配。至此，计划生育已经遵照中央的明确指示开始"一胎化"了。到1982年9月，计划生育被确定为基本国策——在1982年12月召开的五届五次人民代表大会通过修改宪法。宪法第二十五条：国家推行计划生育，使人口的增长同经济和社会发展计划相适应。第四十九条：夫妻双方有实行计划生育的义务。

但我们要注意的是，宪法规定得很清楚，没有说计划生育就一定要一胎化，实行计划生育是要将人口的增长同经济和社会发展计划相适应。当初因为经济乏力，生产力有限，到了今天我们的经济和社会获得了长足发展，放开完全没有问题。无论是过去的一胎，还是现在的二胎、三胎，甚至以后可能鼓励多胎，这都是计划生育。所以大家应当明确，宪法规定的基本国策的确不应轻易改变，毕竟这是国家根本大法所规定的。

我们现在明白了，"一胎化"是计划生育的具体措施，只是基本国策的阶段性目标。那么为什么要实行那么严格的措施呢？可以看到，这个过程是一步一步收紧的，其实这也是不得已的。

首先，中共十一届三中全会报告里已经提到，经过"文化大革命"，我国的经济受到严重破坏，已濒临崩溃。根据世界银行指标测算，1980年中国的GDP总量为1911亿美元，而当时我们的人均GDP是195美元，中央政府国家财政收入为1160亿美元。所以当时我们面临了很多难以想象的困难，很多年轻人结婚了还没有房子住，政府分配的公房根本满足不了需求。1978年，我结婚时家里只有十几平方米的房子，差一点没有分房资格，最后，我总算分到了一间约11平方米的房子，需要两家人合用厨房与一个小卫生间，而这在当时已经是很好的条件了。我做教师时需要到学生家里家访，一般过了晚上七点半、八点我就不能去了，因为那时基本一家五六口人只有一间房，晚上几个孩子只能睡在地板上，晚饭后就要摊地铺，房间里已经没有站立的地方了。在这样住房紧缺、供应紧张、经济极度困难的情况下，当然只能限制生育。

其次，当时西方出现了一种新的理论，即由欧洲一些专家学者提出的"适度人口理论"，大概意思就是认为目前地球的人太多了，要减少人口，这样的适度人口才是最好的发展模式。所以宋健、田雪原这些专家就提出，中国到21世纪后半期，适度人口应为7亿人或者比7亿人更少。今天，我们怕人口持续减少，但那时的观点却是认为中国人口太多，控制在7亿人才比较合适，对此他们还提出了实践计划。最后中国科学院自然资源综合考察委员会的结论是，中国极限人口应控制在16亿之内，如果超过16亿就要出大问题。在世界主流提倡环境保护、讲求适度人口的基调下，当时国际上包括欧美在内的很多专家学者都提出，中国人口过多，占用了太多的地球资源，需要尽快减少人口。

再次，我们对人口模式的第二次转变，即从高低高模式转向低低低模式没有进行很好的研究，因为没有这个机会，所以大家不理解现代化富裕社会的人口规律，不知道进入富裕社会以后，人口自然是要下降的。而对当时很多西方的人口现象，我们都把它看成资本主义腐朽没落的象征。我们完全没有想到中国富裕之后也会有这个过程。再加上我们的近邻，像日本、韩国当时也还没有出现这种情况，因此不知道这是人类社会的普遍规律。同时，我们也没有预料到中国经济后来会迎来如此高速的发展，当时担心最多的还是粮食是否够吃，住房是否够用，幼儿园、小学够不够。以我们当时的计划经济情况，根本预料不到我们的经济发展完全可以赶上甚至超过人口发展的速度。了解了这样的背景，大家应该明白，当时计划生育政策执行得越来越严格是一种不得已的选择。后来我在向外国人解释我们的计划生育时说过，我们当时的状态是"no choice"（没有选择的），中央并非不知道这样严格的计划生育会带来一些弊病，但没有办法。我们不是在"better or best"（较好与最好）之间，而只能在"worse or worst"（较坏和最坏）中做选择，这不是一条最佳的道路，但别无他法。如果当初从马寅初提出计划生育时就开始执行还会有一定余地，等到经济严重衰退，计划生育的需求日益迫切，非但不能再考虑人口增长，还得希望人口能快速减少，因此选择计划生育，选择"一胎化"，是艰难的选择。

客观来看，有些人把今天出现的人口问题都归咎于计划生育，这是不符合事实的。韩国、日本都未实行过计划生育，但到后来也同样遭遇了严重的人口问题，可以说情况比中国还严峻。

从这个角度讲，我们承认计划生育特别是"一胎化"，的确加快了人口模式的转变，即高低高模式转向低低低模式。这种转变在发达国家一般要花一两百年，在日本、韩国则用了几十年。而我们因为实行了比较严厉的计划生育，所以到目前已经完成了第二个转变——低出生率，低死亡率，低增长率。这是事实。但如果说这是因为计划生育才造成的，就是本末倒置了。中国面临的人口问题，是一个社会步入富裕状态后面临的共同问题，而现在到了中国遇上问题的时候了。

至于怎么样来全面评价计划生育，我想现在还为时过早。比如说我们付出了比较大的代价，这到底值得不值得？关于这些，我想留给历史去讨论吧。

中国人口会出现负增长吗

看了前一章，大家肯定会联想到这几年的人口变化，大家也很担心中国未来会不会出现负增长，会不会像韩国、日本那样，或者说这一天是否已经到了？这样的人口拐点已经形成了吗？

根据我们最新的统计数据，2021年中国人口净增长了48万，虽然还在增长，但已经是极低的增长率了。但这并不意味着已经到了人口拐点，人口拐点并非一个简单的概念。人口学中有两个定义，首先，在一个固定的空间范围内，出生率减死亡率等于自然增长率；其次，在一定的时间范围内，比如一年中迁入人口减迁出人口的差值，与总人口之比为机械增长率。如果只考虑自然增长率的话，就是一定区域范围内的人出生多，死亡少，就是正增长率，反之就是负增长率。

人口增长率包括自然增长率和机械增长率。有些国家本身的人口呈负增长，但是总人口却不增不减，美国就是大量依赖机械增长的典型例子。所以我们所指的拐点就是由正增长向负增长转变的节点，而且要有一定的持续性年份。假设明年人口出现了零增长甚至负增长，这还不能算作拐点，因为它可能有一定的偶然性，如果持续几年都是这样，才可以说拐点到了。从这个角度讲，我们最多能认为中国已经接近人口拐点，但绝对不能说已经到了人口拐点，仅仅是低增长、零增长，只是接近而不是等于拐点，不过这个趋势的确是要警惕的。

对于人口拐点，我们的态度到底是追求还是无奈呢？如果站在20世纪80年代专家立场上简直是求之不得，毕竟当初追求的最终目标是将总人口控制在7亿。而如果是已经到了极限人口，那它成为拐点也已经不是我们能说了算的了。所以说，对于拐点效应，要看我们的目标是什么？人口负增长为什么那么可怕呢？如果根据适度人口理论，人口负增长反而是理想情况。问题在于，我们要看到人口负增长会带来什么？

第一，它会带来人口结构的变化，加剧老龄化。我们会对人口进行年龄段区分，一般60岁以上就称为老龄人口。如果说每年的人口增长率是正增长，人口基数就会越来越大，老龄人口的比例也就不会升高，甚至会有所降低。但一旦出现了负增长，人口基数不再增长，那么老龄人口所占的百分比就会越来越大。因此，人口负增长的第一个影响绝对是老年人口比例的增加。这就是我们需要考虑的第一点，只要人口持续负增长，必然会加剧老龄化。

第二，人口负增长到一定程度，适龄的劳动人口就会减少。假设今年人口负增长，那么到18年以后，这个年龄层次的劳动力则必然减少，而这个年龄层次的青年也是劳动力最主要的来源，他们对社会做贡献的这一段时间，我们称为人口红利。而老龄人口是需要社会赡养的，这就不是"红利"，而是"使用红利"了。如果人口出现负增长，适龄劳动人口逐渐减少，人口红利也将随之减少，再随之而来的效应就是社会赡养比例提高，社会保障成本增加，而这种提高还带有倍增效应。比如老龄化人口所占的比例以及老龄人口的社会保障，往往会随着他们年龄的增长而倍增，一个80岁的老人所需要的医保、社保，和一个60岁老人所需要的肯定是不一样的，到了超高龄的话，这种负担就更大了。这种情况就导致了一部分产业和设施要提前淘汰，比如首先会淘汰一部分产科医院和婴幼儿产业，之后再波及小学、中学直到大学。如果中国真的出现了人口负增长，按这个趋势逐步递增的话，很多设施还没到年限就要提前报废，浪费就造成了。同时另一部分产业与设施又将变得紧张，如养老院、护理院、老年病医院会日趋紧张。这样一来，社会的经济、文化、社会规划和布局都需要重新调整。比如在老龄化社会下，要建很多老年社区，此外配套的教育、医疗、娱乐、康体设施也要一应俱全。一部分企业家最近就将目光投向了养老康体行业，将它看成未来的发展趋势。

第三，移民减少也会影响劳动力和人才的配置。大家需要注意，负增长率不只包括一个地区本身的人口，还包括移民。如果负增长的出现来自移民减少，劳动力和人才配置就必然受影响。

了解了以上这些之后，我们该怎么避免人口负增长呢？第一，最有效的方式还是提高出生率，也就是多生孩子。现在我们的二孩、三孩政策就是规避人口负增长的体现，但光靠这个方法还不够。当时有些专家预测，生育政策只要一放开，人口就会大幅增长，不过现在看来成果还不算显著。人的生育意愿受多种因素影响，仅是依靠政策还不够。

第二，依然要坚持减少死亡率。在降低死亡率这点，我们不能实行社会达尔文主义，为了调控比例不择手段，而是依然秉承人道主义，降低死亡率，特别是老年人的死亡率。虽然仅从人口学上看，降低老年人的死亡率是加剧老龄化的，但是从人道主义来看，从社会正常发展来看，不能采取这种你死我活的办法。所以要避免人口负增长，不能只是提高生育率而不考虑死亡率，这是保证社会稳定的人道主义途径。

第三点同样重要，即吸引移民。如果自身劳动力实在不足或者劳动力红利消失，为什么不能按需引进移民呢？韩国、日本，包括我国的台湾，在达到我们现在人均GDP的时期就开始引进外劳人员了。中国台湾的家政业和很多其他产业都充斥着来自印度尼西亚、马来西亚、越南等国的外劳人员。美国存在大量非法移民，但是为什么美国每次驱逐非法移民都会受到一些社会抗议呢？原因就在于美国很多州非常依赖非法移民。旧金山有一次清查非法移民导致大批餐馆关门，原因就在于他们雇用的这些人员中非法移民占比很高，最终美国人自己都抱怨生活不方便了。美国以前有个惯例，每隔几年就会进行大赦，把非法移民变成合法。原因并不是他们同情穷人，而是美国如果不引进移民的话，很多产业将无法维持。美国南方靠近墨西哥的很多农场，每到收获季节都需要依靠墨西哥人来务农。很多原本依赖中国雇工的中餐馆，到后来反而依赖起了人工便宜又方便管理的墨西哥人，现在有些中餐馆连厨师都已经是墨西哥人了，只是不敢让他们抛头露面，怕被人觉得口味不够正宗。所谓移民，其本质就是按需引进。但目前想在我国做到这一点还有许多难题。很多人觉得我们就业都困难，怎么还能再引进移民？

但是我们要不要引进合法移民呢？我觉得应该合法地引进外劳人员。为什么我们现在有些产业链都被转移到了越南？因为越南劳动力便宜。在商言商，我们国内有些产业都要移到越南去，因为我们现在劳动力的平均工资是越南的两倍。如果不希望产业转移该怎么办呢？好像除了政府补贴以外就只能压低我们国内劳动力的工资了，当然，这是不应当的，实际也不可能。除此之外，最有效的办法其实就是引进劳动力，否则是很难解决人口极低增长甚至负增长所引发的矛盾的。

对于引进移民的选择，我们自然希望都是高技术、高素质的移民。不过一个地方，一个社会，需要考虑各种人才。但什么叫高素质人才呢？我们修地铁的工人、清洁工、家政人员，他们就不算高素质人才吗？一个普通的劳动者，如果勤奋刻苦，奉公守法，这就是一种高素质。如果引进的全部都是高级人才，谁来承担基础服务呢？实际上，一个社会只有对各种人才都存在着需求，才能够消解人口本身的负增长。上海本地人口早就步入了负增长阶段，正是依靠不断引进其他地区的人口才得以发展。上海现在从环卫工人、地铁工人、建筑工人，再到许多教师，甚至包括部分重点学校的校长，几乎都是从外地引进的。所以值得我们思考的是，未来如果仅仅局限于本地人口、本国人口，是没有办法完全消除人口负增长的消极影响的。引进移民，是今后不可避免的一个步骤。当然，我们也要制定相应的法律法规，要依法管理。

第四，就是减少人口迁出。既然人口不够，减少人口迁出当然也是一种办法。具体怎么做呢？对于很多高素质人才来说，需要做的就是改善他们的工作环境。人往高处走是一种正常现象，这个高不仅是薪酬的高，也需要社会环境各方面的高，以吸引他们。对于普通的劳动者来说，如果我们衡量后觉得的确有需求，就同样需要想办法来改善他们的条件，而不能完全靠限制。对于基础工人，我们可以提高他们的待遇，加强他们的社会保障；对于高级人才，我们要想吸引他们，除了通过思想教育以外，还要解决他们的工作生活等条件。一方面是增加引进，另一方面是减少迁出，两方面结合才能避免人口负增长。

第五，就是要提高人口素质。据我所知，很多地区的社会保障用在了一些残疾、遗传性疾病、地方病上，而有些疾病是可以避免的。比如婚前体检就可以规避下一代很多遗传病和地方病。此外，我们需要保护环境，优化资源，产业人口要进行合理配置，提高人的生活、生产、生存的质量，这样人就可以创造更大的物质、精神财富。而对于老龄人口，提高他们的生活、生存质量，最终可以减少社会赡养或者社会保障的支出。我们当然希望能够避免人口负增长，但并不代表人口负增长就没有解决的办法，我们是可以通过各种途径来避免这方面的问题的。

如何应对老龄化

前几章我们已经粗略谈到了老龄化问题，这一章我们专门来谈今日中国所面临的人口问题——老龄化。

以上海为例，上海的老龄化程度在中国各大城市中可以说是很高的。对于老龄化，我们现在提出的一个应对措施就是延迟退休，而且国家已经正式表态要逐步实行了，但主张还是慢慢推迟，循序渐进，或者让本人自行选择退休与否。我个人认为，延迟退休既有利也有弊。有利的方面在于一方面能够增加养老金的积累，理论上说工作时间越长，社会能够积累下来的养老金就越多。另一方面也减少了养老金的支出，假设一个人退休时间推迟，去世时间不变，那么纯客观上讲，除了他多积累养老金外，社会还少支出了养老金。另外，有一部分岗位现在后继无人，延迟退休正好可以缓解这些行业或岗位的压力，特别是一些技术工种、特殊工种人员和专家学者。假使他们延迟5年退休，也许这5年正好可以培养一个接班人，或者把这一领域的技艺教给后来者。最后，还可以满足一部分老年人的物质和精神需求。有些老年人对钱的需求不大，但的确热爱工作。我的一些同事退休后在家无所事事，身体反倒不好了，对于他们来说，工作本身就是一种客观需求。除此之外，延迟退休也可以保证他们的工资，这就是物质上的好处。

但是延迟退休又有哪些弊病呢？第一，增加就业压力。以2022年为例，出现了1000多万的大学毕业生，还有500万专科生，光大学、专科毕业生加在一起有1600万人需要就业岗位。在这种情况下，如果老年人延迟退休，很多岗位就腾不出来，就业率也就提高不了。我们为什么现在主张缓慢地推进延迟退休，就是担心一次性延迟太多老年人退休导致大量岗位腾不出来，增加就业压力。尤其是近些年大学毕业生逐年增多，这方面的压力不容小觑。

第二，增加安全风险，很多高龄职工可能会在工作中出现问题。如果一个职工到65岁甚至70岁退休，很可能产生事故，影响生产效率，或者因为误操作、误动作增加安全风险。

第三，加重企业负担。有些人援引美国自由退休来证明延迟退休的合理性。美国的情况是员工符合退休标准时，人事部就会通知他从现在开始可以享受退休待遇了，本人可以选择是否继续工作。但条件是，如果选择不退休，也不能要求任何照顾。如果员工被证明丧失工作能力，企业有资格终止劳动关系。而我们中国有尊老的传统，如果一个人坚持延迟退休，单位真的能为他安排和原先一样的工作量吗？实际操作中肯定会有所照顾，或者是减轻工作量，或者是其他待遇补偿。所以，延迟退休引起了很多企业的担忧。一方面是企业开支增加，另一方面是工作的风险度和负担也在增加。因此，延迟退休不是只有利没有弊，利弊我们要兼顾。

如果不延迟退休，还有什么有效的办法来缓解老龄化压力呢？我认为办法还是有的。老龄化是避免不了的必然过程，它与社会发达程度和富裕程度呈正相关。客观来说这也体现了一种社会的进步。比如上海人就自豪于人均预期寿命，男女都已经超过了80岁，尤其是女性已经达到世界最先进的水平了。在中国城市里，只有香港人均预期寿命比上海还高，达到了全国第一，这都是社会发达、福利保障与富裕程度高的体现。但是为什么中国现在碰到问题了呢？原因就在于中国的老龄化是曾经实行严格的计划生育而在短时间内促成的。上海原先的发展程度就比较高，因此受影响程度有限，老龄化相对自然。但其他很多地方，在短期内暴发了老龄化。所以现在的问题在于，其他国家和地区的老龄化都发生在社会富裕发达之后，而中国还有很多地方尚未达到富裕，就已经出现了老龄化，我们将此称作"未富先老"，也由此衍生了一些特殊的困难。在一些社会富裕后慢慢步入老龄化的国家，对此已经有了相应的准备，比如养老院，针对老年人的护工，还有相关的政策。像日本、美国都建了很多养老社区，这些养老社区一般地处偏远，土地便宜，其中一些属于政府提供土地的公益性社区，医务、钟点工都是受过专业培训的劳动力。有些老年人会将城里的房子卖掉，存款足够在那里养老。这些都是为老龄化做好准备的体现。而我们的老龄化是突然之间到来的，还没有好好筹划过。而且我们的老年人往往在年轻时留下了许多身体问题，或是营养不良，或是生活方式不健康，或是有很多基础疾病，这些到了老年后就会产生更大的负担，不得不耗费更多的社会资源。

对于这些无法回避的问题应该怎么办呢？我认为，我们不要只考虑年轻人的劳动人口红利，老龄人口同样也有人口红利。我们不能只考虑延迟退休，我们应该考虑比如鼓励支持老年人创业等措施。现在我们一直在鼓励大学生创业，但其实根据发达国家的一些调查来看，像美国大学生创业的成功率不到百分之十，比尔·盖茨这种只能说是个别情况。我还没有看到中国有什么相关调查，但我觉得大学生创业成功的还是少数。为什么我们不能鼓励大学生、青年人、老年人一起创业呢？比如大学生和退休的大学教师一起创业。现在中国有很多到了退休年纪的老年人其实有很多优势。大学生有激情、创新才能和政策优势，老年人有经验与管理能力，结合在一起不失为一种更好的办法。另外我们现在讲求灵活就业，比如有些医生、护士退休后可以自己开办诊所，一些教师退休后也可以继续发光发热。从体力来讲，应该说中国现在五六十岁的人口健康状况已经有了很大改善，完全可以继续发挥余热。而且现在大多数工作岗位已经不是体力型的，而是脑力型、智力型的。依我看，这种"老年红利"还可以再吃10年。我本人是到74岁退休的。当然，我作为大学教师，情况算是比较特殊。按理来说我应该60岁退休，但我自己认为我至少可以正常工作到80岁，这中间的20年难道不是我能带来红利的时期吗？所以，我们不应把老龄化问题简单化，一定认为老年人是包袱，而是要想怎样充分利用老龄人口的红利，我们应该鼓励、支持老年人和青年一起创业、灵活就业，将这些同延迟退休配合起来。

有人会说很多老年人没有学历和专长，但是普通劳动同样不失为一种途径。比如现在一些老人做志愿者往往是无偿的，那么我们就可以开发很多有偿的公益活动机会。同样是做志愿者，社会可以对其授予积分，达到一定额度后兑换成钱或者其他机会与福利，如可以去养老院免费享受几年。国外有些养老机构，它们吸收的护工很多是刚退休的老年人，许诺的条件就是服务期满多少年以后，可以免除若干年的养老费用，直至可以终身在养老院享受。这也是消解赡养老年人的压力，对退休金的压力。日本有很多老年人都在工作，一方面他们认为工作本身就是种乐趣，另一方面他们也是为了自己，知道自己的预期寿命很长，不希望完全靠社会赡养，以弥补社会供养的不足。因此日本的很多酒店和出租车行业都存在大量老年工作人员，而且很受欢迎，他们服务水平高，更让人有安全感。所以，我们不应把老龄化看成绝对负面的事情。

我想中国完全有可能做到，充分利用老龄人口的人口红利，增加康养场所，发展康养事业，这是前途无量的新产业。从数量上讲，中国现有的康养场所远远满足不了今后的需求。从经济效益来讲，现在老龄人口的存款通过经年积累，普遍比年轻人还要充裕。如果我们培养了正当的康养产业，这些产业本身便可以推动社会经济发展，提高老年人的健康水平，也可以创造大量就业岗位，增加GDP总值。

最后很重要的一点，依然是要坚持提高我们的人口素质。从年轻时起就要保持良好的生活方式，这样到老年以后，所需要的社会负担就会减轻。另外就是要让老年人保持健康的心态。现在很多老年人的问题并不出在身体上，而是出在精神与心态上。提高医疗水平也是重要的一环，比如我们还没有办法医治阿尔茨海默病，如果我们在相关方面的研究能取得突破，就可以缓解许多老年人和他们家庭的负担。

我们需要认识到的是，老龄化本身是必然的，也是社会进步的产物，对此我们不应回避，也回避不了，积极应对才是正途。要思考我们怎么样才能趋利避害，尽量减少老龄化带来的负面作用。不仅是现在的老年人，今天的年轻人也要为将来自己的老龄化做准备。比如养成良好的生活习惯，保持健康的身体与精神面貌，等到将来步入老年后，也可以为社会发挥更多的人口红利，减少社会的负担。相信如果我们一起努力的话，中国的老龄化将不需要我们太担忧。

真的会出现3000多万"剩男"吗

　　前文已经谈到了人口拐点的问题，拐点有没有到来还不能肯定，但是有一件事情大家一定已经注意到了，那就是从这一次中国人口普查的结果来看，男女人口数已经相差3000多万。有些人已经在担心这3000多万"剩男"日后的成家问题，会不会由此引发严重的社会问题。我们可以仔细分析一下这个问题，其实没那么简单。

　　标准的人口统计需要考虑性别比。科学家对世界总人口统计后得出，新生人口的标准应为每100个女婴对应106～107个男婴，所以性别比就是106或者107，如果超过这个数值，就会出现性别比高，男女不平衡的现象。关于这个现象，我们的祖先已经注意到了，只不过当时并没有建立在精确统计的基础上，只是一个概念。《周礼·夏官·职方氏》中就有记载：

　　　　扬州　二男五女　　荆州　一男二女

豫州	二男三女	青州	二男二女
兖州	二男三女	雍州	三男二女
幽州	一男三女	冀州	五男三女
并州	二男三女		

其中只有青州的男女比例还算均衡，而其他地区的情况则比较可怕，尤其是幽州已经到了一男三女的地步。不过在前文我们已经说过，《周礼》中的记载本身并不能完全反映西周的真实情况，实际上更多的是战国之后的学者们进行的一种历史想象，他们会将自己的理想概念都寄托于周朝。但是这至少说明当时的学者已经注意到性别比不平衡的现象。

中国的性别不平衡是不是事实呢？要承认这确实是事实，著名的经济学家、人口学家陈达在他的《现代中国人口》中有一个统计数字：20世纪二三十年代，局部地区的性别比为112.17~120，120已经是很高的性别比了，从这里也可以看出，这种现象普遍存在于20世纪的中国社会。大家根据印象也知道，中国一直存在着重男轻女、男尊女卑的观念，同样的杀婴现象，受害的女婴要比男婴更多，因此性别比一直居高不下。

到了今天，根据第七次全国人口普查调查，全国人口（包括31个省、自治区、直辖市和现役军人的人口，不包括居住在31个省、自治区、直辖市的港澳台居民和外籍人员）为141 260万人，其中男性人口72 311万人，女性人口68 949万人，总人口性别比为104.88，总体看起来并不算很高。但是，各地的性别比却是不平衡的。全国31个省级单位里，乡村人口性别比平均大于

100，其中14个省份大于110，这个数值就比较高了，其中北京120，山西110，内蒙古112，上海130。北京、上海数值高的一个原因是大量单身的外来人口，而我们统计的是居住超过半年的常住人口。在这里大家要注意的是，这份对14亿人男女比例的差距的统计是将不同年龄层都统计在一起的，而每年的性别比是不同的，我们可以看一下表6：

表6　从2019年倒推至1982年中国出生人口性别比统计

年份	中国出生人口性别比
2019	112
2018	113
2017	113
2016	113
2015	114
2014	114
2013	115
2012	115
2011	115
2010	116
2009	116
2008	117
2007	117
……	……
2002	116
……	……
1997	114
……	……
1992	112
……	……
1990	110
……	……
1987	108
……	……
1982	107

注："……"表示区间年份数据省略。

这是从2019年倒推至1982年男女性别比的统计表，每年的变化都是不同的。这说明了什么呢？中国的性别比并非每个年龄层都是一样的，比如1982年出生的这批人，到2022年已经40岁，也就是说现在40岁年龄层的这批人当初的性别比为107，而之后出生的年龄段的人，性别比又发生了变化。所以我们要明白造成高性别比的原因往往因时而异。古代与现代不同，现代不同的年份也不一定相同，区别何在呢？

在古代，影响性别比的因素主要是男尊女卑的观念，既然天然性别比应该是106，那后来为什么会越来越高呢？很简单，很多女婴刚生下来就被溺死了，还有弃养、霸凌，虽然没有造成直接死亡，但也增加了女婴的死亡率。此外还有虐待女性，以及前文提到过的孕妇、产妇死亡率高，这些因素都造成了古代男女性别比高的现象。

当代性别比高的原因又是什么呢？第一点还是男尊女卑的残余观念，第二点就是在"一胎化"的背景下，很多家庭为了保证出生的是男孩，通过现代医疗手段进行产前鉴定。最终结果就造成新生男婴的比例非自然地增加了。即使现在没有了"一胎化"的压力，依然有人进行这种非法性别鉴定，然后人为堕胎。正因为这样，政府现在严禁胎儿性别鉴定，但实际上还存在着各种非法渠道，有些是通过熟人，有些是金钱贿赂，甚至还有在医院以外的非法机构进行鉴定的，因为这个技术本身并没有什么难度。现在政府能采取的保证办法暂时只有禁止。即使胎儿做性别鉴定搞错结果，阴差阳错把性别比降下来，这也不是好事。现在有些家庭本来就更倾向于生女儿，如果能做到自然出生，不做性别鉴定，这种性别比天然就会恢复平衡。只要是进行了性别鉴定而选择的流产，不论流掉的是男孩还是女孩，不管最后的性别比是高还是低，都是对性别比起负面作用的不正常现象。所以，限制非法的性别鉴定是唯一有效的途径。也有一种说法是现在的环境对生育造成了影响，比如造成男性精子质量下降，但直到现在这点还没有科学根据，因为即使是环境因素也只能造成总体的生育率下降，又怎么会专门针对女婴？

现在很多人对于3000多万男女人口差值这件事表现出了担忧，担心在今后会进一步造成一些社会问题。但这里存在一个认识误区，这3000多万差值是全部男女人口，其中一部分人对未来是不起影响的。比如老年人口的男女差别，并不会影响现在的婚姻与生育。而现在的问题主要来自当今社会的婚龄与育龄人口，这一阶段人口的性别比才会直接影响未来是否会产生"剩男"，会不会影响婚姻与生育。所以首先可以确定，所谓"剩男"是远远不到3000多万的。

那么未来该如何应对这种情况呢？首先我们要知道的是，近年来新生人口的男女性别比已经在降低了，很多地方这个数值甚至已经低于106，今后有些地方很可能会出现"剩女"而不是"剩男"，所以大家不必过分担忧。具体的缓解措施有下面几种。

跨年龄婚姻。假设说"剩男"在23岁这个年龄段中出现得较多，但在28岁这个年龄段中就没那么多，那么23岁这个年龄段的男青年就可以寻求28岁这个年龄段的配偶，这种跨年龄婚姻就可以缓解性别比差异大的年龄段人口的婚育压力。

跨区域婚姻。比如上海男女性别比高，"剩男"比较多，而四川"剩男"少的话，上海人就可以考虑到四川寻求配偶。通过这种地域之间的调整也可以缓解这种矛盾。同样，上海人也可以在本地与外来人口结合，如果说以前还有户口方面的限制，那么现在这类障碍已经越来越少了。

　　提高有偶率。这个问题实际上已经得到了缓解，比如说现在离婚率高，"剩男"就可以利用这个时间差寻求结合，最后达到总人口提高有偶率的目的。对于不愿意结婚的人群，可以提高他们的婚姻意愿。总而言之，这所谓的"3000多万剩男"并不代表当今婚龄、育龄人口的性别比情况，我们解决性别比的问题应该放在同年龄层次中来比较，而这3000多万人中，绝大多数并不在适婚年龄段中。此外，这个问题也并非无法化解，大家不必过分担心。

为什么年轻一代不愿生孩子

在之前的章节中我们说过，要避免人口负增长，第一个有效的途径就是增加出生率。但以现状来说，年轻一代的很多人不愿意生孩子，甚至不愿意结婚，更不愿意早婚，即使结了婚的夫妻，很多也约定要做丁克家庭，不要孩子。而且大家可以环顾世界，这是发达国家普遍的现象。那么这种现象背后的原因何在呢？

我们先看看这些年的统计数据，以2021年的初婚年龄为例。

杭州：男28.5岁，女27.1岁

岳阳：男29.2岁，女26.3岁

温州：男29.1岁，女26.7岁

襄阳：男35.23岁，女33.96岁

南京：男28岁，女27岁

江苏省：男28岁，女26.52岁

安徽省：男31.89岁，女30.73岁

上海：男30.11岁，女28.14岁

其中襄阳的情况很奇怪，是这些数字中最高的一组，究竟是特殊情况还是存在统计问题，我也不清楚具体原因。而其他城市的初婚年龄，也比我们的法定结婚年龄高出很多。婚龄尚且如此，生育年龄自然就更晚了，2020年上海平均生育年龄为30.73岁。这种生育意愿的下降，其实是现代化的必然趋势，也是社会发达富裕后的必然结果，只有少数国家和地区例外。大家或许觉得不能接受，那么接下来我们就来逐条分析一下生育意愿来自哪里，然后再看看现在或未来可能出现的趋势。

第一点，生育意愿必须是男女双方的共同需求，或至少男女中有一方存在需求。即使是新出现的试管育儿技术，至少也需要有一方存在生育需求。但目前的现实是往往双方都没有需求，或者一方有需求，另一方不愿意。那么，人为什么会有生育需求呢？按中国传统观念来看，需求体现在"养儿防老"，为了保证自己在丧失劳动力后有人赡养，或者在生病和行动不便后有人照料，这是中国人历来生育意愿中最重要的一点。不过现在的情况又不同了，现在还有几个老年人是希望依靠子女赡养的呢？相反，现在的情况出现了反转，很多老年人都在为子女赚钱攒钱，甚至照料儿孙辈的起居生活。在如今的形势下，可以说"养儿防老"的观念在年轻人的生育意愿中已经没有了市场。而许多发达国家也有着"从摇篮到坟墓"的完善社会保障，并不需要过多依赖子女。即使在今天的农村，社保的逐年完善与年轻一代的外出务工，也使得"养儿防老"的观念日渐消散。不仅是经济需求的消失，老年人对年轻人的反哺与照顾，让中国传统价值观中需要照料老年人的伦理道德色彩也在削弱。此外，当代老年人的身体健康程度也明显提升，医保的进步使得很多老年人可以自行就医及养老，而不必指望子女。因此，很多年轻人不再把到老年后得到照顾当作一种必需品。这就是为什么前面提到，社会发达后，基于养儿防老的生育意愿已经降低到接近于零。

第二点，生育意愿来自天伦之乐、儿孙绕膝的精神需求。现在的年轻人会为了这种几十年后的需求生孩子吗？即使有也不多了，因为现代人追求精神生活的方式很丰富。怕孤独，可以养宠物、上网聊天。所以这方面的观念也已经淡薄了，但至少还比养儿防老更管用一些。

第三点，生育意愿来自传宗接代的观念，保证家族有男性继承人。不过如今这方面的意愿也几乎不存在了。一方面我们大力反对迷信，提倡唯物主义，从民国开始就已经反对烧香、祭拜等迷信行为了。另一方面，继承观念也在改变，现在的人并非觉得儿子才有资格继承财产。当然，在很多农村地区仍然保留着较强的传宗接代观念，另外像广东等部分省份也保持着较高的生育意愿，也更倾向于生男孩。不过从全国的整体趋势来看，这样的观念已经日渐淡薄，尤其是年轻人已经不再执着于自己是否有继承人，更无所谓是不是男性后代。

第四点，生育意愿来自香火不断的观念。以前的人为了香火不断会选择坚持生育，有时一个男孩不够甚至还要生两个，原因就是在他们的观念里，自己在去世以后只有男嗣才有资格供奉香火，他才能在另一个世界"收得到"，因此男孩越多越好。现在这种观念也基本没有了。

第五点，世袭制的需要。在古代世袭制下，如果一个人无后，爵位就不会再传下去。比如说衍圣公孔令贻去世时还没有男嗣，当时只有他的一个小妾怀着孕，如果生下来是女孩，衍圣公就绝后了。为了保证衍圣公的延续，只能在旁支中寻找男性继承人。所以在这位小妾临产时，从曲阜城到北京北洋政府都在紧张地等待生产消息，结果宣布生下的是男孩后，曲阜城里鸣炮庆祝，并向北京通电报告，宣布衍圣公后继有人了。可以说，这样的家族生育意愿是最强烈的，但这种基于世袭制的生育意愿也早已不复存在了。

第六点，财产继承。在过去的大家庭，如果哥哥弟弟都有孩子了，而你没有孩子，那么将来分家产时将没有竞争资格；如果只有女儿没有儿子的话，那么最多只会分到一些嫁妆。就今天来说，这样的需求也已经没有市场。也许一些民营企业家还保留着这种观念，但对于大多数人来说，这已经无法支撑起生育意愿。

第七点，文化传承。以前，很多名家或者流派都需要有人传承，直到今天，民间很多非物质文化遗产或某些技艺也同样有这样的需求。像中医世家、绍兴师爷这类独门技术，在过去更讲究传男不传女，过去的人认为女儿是嫁出去的外人，实在不行就传给倒插门的女婿。为了延续手艺，他们会千方百计地生男孩。但如今这已经不是一种普遍现象，即使还有人有这种观念，也不是社会主流。

第八点，舆论道德的压力。以前有人不想要孩子或者想少生，但是抵不过老人、家族还有社会的舆论压力。夫妻俩如果没有孩子或者只有一个孩子，背后总会有人指指点点。所以，以前有些人的生育意愿其实是来自舆论道德压力的被迫结果，特别是如果只生了女孩，那就是祖宗不积德，生下来的女孩也要承受长辈的非难，被骂成阻碍生男孩的"扫帚星"。今天已然没有这种压力，一方面大的家族几近绝迹，社会普遍以小家庭为主；另一方面舆论也在变化，丁克家庭刚在中国出现的时候，大家还比较在意，但现在大家的心态就是"关你什么事"。如果中国日后在性别上又有了新的认同，那这种压力就更不可能再有了。

第九点，法律因素。古代为了促进人口增长、增加生育意愿，会有针对性地颁布一些有关继承、收养与婚姻的法律。但在今天的中国，婚姻法已经明确规定，男女双方都有计划生育的义务，并载入宪法。但是有些国家的法律就严格规定，只有直系的亲生子才有资格继承家产，这一类法律条文是能够促进生育意愿的，但在我们国家，法律中不可能有这样的条文。

第十点，在有效的避孕手段出现之前，有些生育是无意的，但在客观上也促进了生育意愿。以前缺乏有效的避孕手段，会导致有些人意外怀孕。虽然他们不是为了生育，只是为了过性生活，但这在客观上也增加了生育。而现在已经有了有效的避孕手段，性生活与生育间失去了必然联系，即使意外怀孕，还有堕胎这条后路。关于这一点我们可以和国外做一下对比。婚前生育在美国很普遍，但在北欧、荷兰等欧洲国家，青少年的婚前性行为虽然也很多，却很少婚前生子。因为荷兰等北欧国家比较重视性教育，对性行为很开明，子女想发生性关系，很多人会和父母商量。父母对此一般是建议不要发生性关系，但如果子女真的要做的话，父母会要求他们做好避孕，商量过程都很坦然。但美国的性教育则是听其自然，子女基本也不会和父母商量，即使和父母商量了也未必会获得正确引导。前不久美国最高法院裁定，取消了原来关于堕胎法案的修正案，一方面有很多人抗议，另一方面，有人又宣称这是胜利。实际上在美国，有些天主教徒就在遵循天主教义中禁止堕胎的规定，此外美国的很多保守派也在反对堕胎，其中除了伦理束缚外，也包含着一种社会的生育愿望。

第十一点，传统的孝道文化。所谓孝道中最大的孝就是多生孩子，尤其是男孩。在这种观念的指引下，人的生育意愿往往是不考虑现实条件的，比如古代人在逃难中也要坚持生子，这就是孝道的体现。这种观念在今天已经很薄弱。

第十二点，宗教因素。可以看到的是，现今发达国家的生育意愿已经普遍缺失，但其中还有一批人在这方面的意愿不但没有减弱，甚至还很强烈，这批人就是宗教徒。以天主教徒举例，根据他们的宗教教义，不但不能堕胎，还要多生孩子。欧美很多宗教家庭的孩子都很多，有能力的家庭还会选择领养，将领养视作一种奉献，目的并非传宗接代。中国过去有一些领养家庭会选择在领养后搬家，就是为了防止原生家庭的纠缠。而欧美的很多领养家庭会选择向孩子告知真相，并会说一些类似于"是上帝将你送到我身边"这样的话。同样地，穆斯林家庭也倾向于多生孩子，因为在他们的教义中，是真主教导他们要爱护儿童，多生孩子。这就是宗教信仰对生育意愿的作用。

在罗列完上述内容后，我们再来考察一下要想提高年轻人的生育意愿，上面这几条有哪些我们可以做到。

现在为了鼓励三孩，有些地方的政策或建议是每生一胎给补贴，有些是给予优惠条件，比如增加产假，甚至丈夫也能共享，有人甚至建议生三孩后子女高考加分。不过，我可以很负责任地说，这些办法别的国家早就试过了，有些国家的经济优惠力度比我们建议的要大得多，但我的分析是，这基本上不起作用。相反，如果有些人自身贫穷，想得到这笔钱而去生育，即使生了孩子也未必教育得好，身体素质也跟不上，这些都是我们不得不面对的严峻问题。对于那些发达国家来说，父母会因为经济困难，想要领取补贴而生孩子吗？本质原因还是培养孩子的成本太高了。我们过去虽然社会条件较差，经济也比较困难，但是为什么父母依然有强烈的生育意愿，就是我前面提到的那些原因还在起作用。而在今天这些因素基本上消解了。大量事实证明，社会经济越发达，文化层次越高，社会保障越完善，生育意愿也就越低。

我们未来要想提高年轻人的生育意愿，我个人主张的一个办法还是要依靠传统文化、价值观念，要提倡新的孝道。新的孝道是什么？就是每个人都应该认识到，要保证家族、社会、民族、国家的繁衍，这是一种基本义务。将及时婚育看作一种爱家爱国的社会责任并从小培养，这样才能保证他们的生育意愿。生育不能只作为个人选择，更要被当作一种社会责任，对家庭、对父母的责任，甚至让它成为信仰的一部分。也许大家觉得这令人无法接受，但是我觉得，其他办法已经很难挽回生育的颓势。无论是经济补贴、延长产假还是制造对老年生活的恐慌，都已经很难提振生育意愿了。通过之前的分析可以看出，这些生育意愿到了富裕发达的现代社会基本已经被消解了，唯一还在起作用的就是文化与信仰。

当然，除此之外一些辅助手段还是有必要的。我们需要降低生育、抚养、教育、医疗成本，能够保障年轻人过上比较体面的生活，适当补贴这些都需要同步进行。但是如果仅仅把希望寄托在这些方面，现有事实已经证明其效果是很有限的。在我们之前的发达国家早就采取过这些措施，比如在新加坡、日本、韩国就没有得到什么正面影响。尤其是原来受传统文化影响很深的韩国，即使今天男尊女卑的观念依然存在，韩国人也和我们一样喜欢生男孩，但现在随着社会的变迁，这种情况也几乎被消解了。

人往高处走——迁出地的推力

　　自从改革开放以来，我们的城市化发展得很快，其中一个主要的因素就是大批人口由农村迁入城市。那么，未来人口会怎么迁移呢？

　　研究人口史的人都知道一个基本的规律——人往高处走。对于迁出地来讲，存在一种对人口的推力，被推出来的人为什么不再回去？因为他们找到了比自己原来基础更高的地方，这个高可以是物质财富的高，也可以是精神的高，不同的人对这个高是有不同需求。

　　移民基本分为两类，第一类，也是历史上占绝大多数的生存型移民，即为了维持自身的生存而不得不迁入其他地区定居的人口，他们迁移的目的就是生存。生存型移民是被动的，他们往往没有明确的目的地，也没有选择的余地，唯一的目的就是生存，没有更高的要求。典型的生存型移民就是灾民、难民、流民，比如，历次南迁中的大部分人如果不迁移，就要面临被杀或饿死的风险。还有我们改革开放初期的大量所谓进城务工人员，他们迁出来的原因就是有些地方人均土地很少，或者农业收益太低，发现其他地方生活水平更高后就走了出来，这也是以生存为目的的情况，而不一定有具体的计划，所求的不过是改善生存条件，历史上这一类移民占了大多数。

第二类是发展型移民，现在的移民绝大多数可以说是发展型移民了，即为了物质生活或精神生活状况的改善而迁入其他地区定居的人口。这一类移民基本上是主动的，有明确的目标，也就是人往高处走，比如一个地方收入更高，或机会更多、环境更优越，都可以成为他们迁移的目标。总之对他们来说，目的地要比现居地的条件更高、更好。当然所谓"高"的定义也不同，有些富人追求的"高"不是财富，而是一种自己熟悉或认同的文化环境。也有些宗教人士会迁往自己所信仰的宗教的地区。总之，他们都有比在自己原来居住地条件更高的目标，这就叫人往高处走。因为发展型移民都是主动的，有明确的目标，因此这些人虽然在移民中总体占少数，但对社会起的作用往往比生存型移民更大。

不过，两者间也没有绝对界限，发展到一定程度可以相互转化。有些人以发展为目标，结果没有成功，就不得不为了生存再迁移。相反，在生存型移民中，有些人生存下来后有了更高的目标，也就转化为了发展型移民。例如，早期那些农民工中有一部分人现在已经成为企业高管或者高级技工，也有人开办了自己的企业。总之，不管是生存型移民，还是发展型移民，选择移民都是迁出地的推力所致，具体都有哪些推力呢？

第一，产业衰落，经济水平低。大量企业倒闭导致工人下岗，甚至有些是国营的大中型企业。另外，存活的企业经济效益差，同类岗位收入低、福利差，而人总是有比较心理的。同样的工作在这里每个月工资两三千块，换一个地方工资就有六七千块，而且福利待遇也都不错的话，自然就会形成一种对人口的推力。

产业衰落，经济水平低的地区这些地方就业率相对低，有工作的人有下岗风险，下岗后的人又往往找不到固定工作，只能打零工，生活没有保障。这些地区又往往公共设施不足，或者严重老化，当年建设得很辉煌的电影院等娱乐场所现在都已破旧不堪，常年无人维护。而经历过辉煌年代的年轻人现在步入老年后，养老保障也跟不上需求。企业效益低，政府的财政开支就紧张，社会保障水平就有限。

第二，气候寒冷，生活成本高。很多包括退休老人在内的东北人迁居到海南岛就是一种体现。有些人甚至是一路开房车过去，连住宿成本都省了，海南岛也不需要取暖费。这种寒冷的气候与较高的生活成本，同样是对人口的推力。

以上是我举的例子。大家要明白，其实无论是今天的城市化也好，过去流行的"孔雀东南飞"也好，本质上都只有一个道理和原因，那就是本地人口意识到现居住地相应的条件低下。那么怎么样来改变这种情况呢？理论上很简单，如果把这些推力都化解掉，甚至如果能够把推力转化为拉力，问题就解决了。但实际上我们知道在现实条件下，在可以预见的未来，有些问题是没法解决的。比如因天气寒冷导致的生活成本高能解决吗？要解决的话也可以，只有大幅度提升工资收入。其他公共设施不足，社会保障低的问题也是需要投入的，没办法短时间内去解决。为什么当初闯关东时东北有那么大的吸引力？因为河北、山东人地矛盾紧张，而东北可开发的土地有很多，这同样是人往高处走的道理。随后东北又开发出了大片矿藏。本来沈阳周围没有什么城市，矿产开发后各地政府或企业纷纷涌入来建工厂，鞍山、抚顺、阜新、本溪等地依托于钢厂、铁矿、煤矿，很快就形成了一个个中等城市。这些产业本身就是巨大的拉力，不仅吸引了周围的人，还将关内的山东、河北等地的人都吸引了过去。通过这些情况我们应该看到，这些推力在短期内是没有办法消除的。这些状况该怎样改变，该如何减少，我们有关部门、专家学者在看到这些情况后应该有充分的估计。自改革开放以来，各城市城镇就用自己的拉力将上亿的中国农村人口拉到了城市。那么应对一些地区的人口流失情况，要在短期之内解决的话，我们该去思考的就是怎样产生适当的拉力，来理性化解这些问题，这才是唯一的出路。

人往高处走——迁入地的拉力

上一章讲了迁出地的推力，那么被推出去的人口到了哪里去呢？这就要看迁入地的拉力了，什么地方拉力强，人口就被拉到哪里。今天人口涌入的地区，都是这些迁移人口心目中的高处。那么，这些地方的拉力来自何处呢？

第一，经济繁荣，产业兴旺。迁入地往往有很多新型产业，经济发达，同时充满对劳动力、资本和技术的需求。

第二，企业经济效益好，收入高，福利全，晋升快。

第三，就业率高，社会保障覆盖面广。

第四，营商环境好，投资机会多，收益高。不同的人追求的"高"是不同的，对富人或者企业家来说，重视的就是一个地方的营商环境好不好，投资的机会多不多，发展的速度快不快，前景是否看好。我们现在有些人盲目地要移民到发达国家，到了之后才明白人家都已经饱和了。我最近去美国一些城市发现，和三十年前去的时候没什么区别，这样的发展速度又如何能抱以很大的期望值呢？我们中国也是一样，有些城市虽然发达，但已经相对饱和了。

一个城市发展速度是否快，上升余地是否大，另一点要看这些地区开放程度高不高，政策是否完善，如果开放程度不高或者政策不完善，发展仅靠权力寻租或者仅靠官员个人能力，而不是相应的政策法律法规，这个城市也不值得看好。

第五，人文环境。人在贫困的时候对财富的要求可能更迫切，但如果已经达到了中产或小康标准时，就会更多地关心人文环境方面。当然，气候是否适宜，生活成本是否低也是考虑因素。很多人的固有印象就是东北迁出的人口都去了海南省，但根据统计数据，海南省并非第一。实际上青年劳动力还是集中在北京、上海等发达城市和一线城市。海南省其实是对退休的老年人口吸引力比较大，但因为形成了规模效应，而且东北人生活习惯与当地人差异比较大，所以给人造成了东北人最多的印象。其实调查下来，海南省的外地移民中第一来自广东，只不过广东人与海南当地人差异较小，不像东北人那样明显。而海南之所以对从东北迁出的老年人会有这样的吸引力，一方面是气候宜人，冬天不需要取暖费，另一方面就是早些年海南很多县城的房价低廉，生活成本较低。

总而言之，只有形成了这些拉力，才可能把迁移人口吸引过去。一个地方营商环境好、投资机会多，对于从事体力劳动的农民工来说不一定会有吸引力，而一个气候适宜、生活成本低的地方对于他们来说就会很有吸引力。相反，对于比较富裕的人来说，会更看重消费是否方便，公共设施是否完善，这些都是形形色色的拉力。正因为这样，中国虽然在这些年间已经产生了上亿的移民，但未来仍会是一个大移民的时代。

我们的城市化程度在这几年增加得很快，可以预测的是这种程度在未来会进一步增加。政府也希望通过移民，通过城市化，进一步促进产业的发展，突破一些现在的发展瓶颈。其中比较典型的例子就是房地产。有些地区空房率很高，如果可以将一些地区集体脱贫的人口安置到城市，就可以帮助消化这些房子。而要吸引附近的农民进城，没有扶持是做不到的。既然在未来有些地方的推力没办法很快消除，各地就要积极制造自己所需要的拉力。比如上海新公布的人才引进政策：之前规定国内名校本科毕业生，在上海全职工作就可以落户，2023年新公布的人才引进政策显示，世界排名前五十院校留学回国的毕业生，在上海全职工作也可直接落户。这就是拉力的体现。

迁移到高处的人口，特别是去北上广深这些城市的人口都碰到了高房价的问题。对于这件事应该从两方面来看，高房价既是阻力，又是魅力。为什么这么说呢？

首先，房价高低的标准不同。如果一个地方房价每天都在降，大量空置房源无人购买，说明当地的经济情况满足不了投资者或定居者的需求。物价高而且还在不断上涨的地方，经济也一定是在不断发展的，哪怕存在泡沫，也说明它在这段时间内还是在发展的。所以如果我们看到一个地方房价跌到没人买，或者房屋空置率很高，我建议就不要购买，因为买了也很难有投资回报。所以我们看房价的高低，一方面有一个绝对的标准，即每平方米的价格；另一方面还有一个相对的标准，即每平方米价格与当地收入、税费、投资收益、物价、其他生活成本的比例。这个道理在全世界都通行，美国同样是房价越高的地方发展越快，机会越多，同时还能辅以市场调节的手段。如果一个地方收入一万元，房价两万元，另一个地方收入五千元，房价一万元，那么两地房价的性价比还是一样的，所以我们不能只看绝对标准，也要看相对标准。

其次，个人的选择不同。为什么北上广深，以及杭州、成都等新一线城市的房价已经很高了，年轻人还是前赴后继地涌入？这种选择就是基于房价与收入的比例，而且这种比例不仅要看眼前，还要看未来。我曾经到美国硅谷问过一些年轻人，为什么选择留在这里，对方回答说现在的收入并不高，开销也很大，但是公司有希望上市，如果成真的话，他的期权就可以兑换成股票，实现财务自由。相反，如果一个地方起点工资不错，但是没有其他希望，既没有期权，也没有上市公司，那么人们可能就不会将此地作为选择。此外还要看房价与生活成本的百分比。房价只是生活成本的一部分，并不是全部。

再次，企业的选择不同。有些地方为了招商引资，会以地价低廉来吸引企业。但企业和人一样，也要看地价与收益的百分比、地价与公司本身体量的百分比，这就是为什么全世界房价最高的那些地方，还有大批企业将总部设置在那里，这也是权衡的结果。有些金融公司、证券机构对这些成本根本不在乎，反而会扎堆在地价最高的地方，而制造企业则不大可能会将公司安置在那种地方。上海刚刚开放时，有些外国公司的总部都设在了市中心，但后来纷纷迁到浦东等其他区域。但是对于金融机构，这种地价相对于它的收益来说就算不了什么了，而且对它们来说，在高端区办公本身就是与企业信誉度挂钩的。

最后，地方政府的选择不同。地方政府需要考虑如何有利于维持适度的人口，如果房价过高，将适度人口也就是常住人口都排挤走的话，当地也就没希望了。一方面，地方必须维持住自己所需的劳动力与人才，房价要有利于经济和社会安定。但另一方面，如果地方因此将房价完全降下来，其实也是不利的。我们现在往往会将高房价视作在人口迁移的过程中必然的阻力，关于这种看法我是不完全赞成的，任何事情都需要维持在适度的比例上。

经过这番分析后，我们又可以讨论一个新的问题了，那就是未来中国的人口分布是否会像有些人说的那样越来越均衡？我认为绝对不可能。全世界的人口分布都是随着社会的发达而变得越来越不均衡，城市化就是典型例子。有些发达国家的城市化率已经达到了90%以上，这显然是不均衡的。以日本为例，人口基本集中在京阪神都市圈，也就是东京、大阪、神户三个都市圈；韩国则是首尔集中了全国20%的人口，国家一半的人口就环绕在首尔周围。如果你坐飞机横穿美国的话，会发现这个国家的中部地区大多是沙漠与山脉，并没有多少人居住，美国的人口主要集中在沿海。目前全世界有80%以上的人口是生活在沿海三百平方千米的范围之内。所以我们在思考中国未来的人口时，不要指望今后会出现全国各地人口均衡的情况，这是不可能的。

早在1935年，地理学家胡焕庸就提出了中国人口稠密地区与稀疏地区分界的一条线，即有名的瑷珲—腾冲线，他当时是这样说的：

> 今试自黑龙江之瑷珲（今黑河市）向西南作一直线，至云南之腾冲为止，分全国为东南与西北两部，则此东南部之面积，计四百万方公里，约占全国总面积之百分之三十六；西北部之面积，计七百万方公里，约占全国总面积之百分之六十四。惟人口之分布，则东南部计四万四千万，约占总人口之百分之九十六；西北部之人口，仅一千八百万，约占全国总人口之百分之四。

我国64%的面积，在当时只有4%的人口，而36%的面积却有全国96%的人口。可以说这样一条线代表了严重不平衡的人口分布。但研究人口史的人应该明白，这条线并非自古以来就是这样的，比如说东北开禁以前，这条线不应该划到黑河，而应该划到沈阳。到1935年这条线被提出时，东北的大片空白区已经被充实了，也变成96%人口的所在了。

那么未来会变得怎么样？我认为未来这条线基本上是不会变化的。实际上根据1982年第三次人口普查来估计，瑷珲—腾冲线东南部占了全国总面积的42.9%，人口是94.4%，而西北部占全国总面积的57.1%，但是人口却只占总数的5.6%。道理很简单，这两侧的差异太大，包括地形、地貌、气候、资源，在可预见的未来是不可能有重大改变的，因为人类总要选择最适宜生活、生产、生存的环境，而且还需要考虑保持最低的成本。既然移民的规则是人往高处走，而中国有利的地理环境在东南部，人当然也会往东南部迁移。

从国家的角度看，想发展也要找到最合适的地方。在西北部和其他地理环境薄弱的地区进行的很多投资与建设，往往是有必要为之或无法避开的举措。比如说石油资源就在那里，必须前往实地建设，尽管成本比较高，需要人力长期进驻塔克拉玛干沙漠，但投资后的回报肯定比东部油田更大。现在那里已经为生产一线的工人建设了永久性建筑，并配备了相应的生活设施，而且还专门开通了沙漠公路，且需要时常维护。又比如，有些国防设施需要建设在海拔4000米甚至5000米的地方，普通人为了正常生活肯定不会迁到那里去，但是国家为了国防需要在这些地方就要投入成本。我们只能说，若非特殊情况下，国家或个人没有必要去选择一些条件艰苦的地方，未来发展也是如此。所以这条瑷珲—腾冲线将长期存在，只是涉及具体地点时会有一定的调节。

西北局部地区也可以形成人口比较稠密的地区。瑷珲—腾冲线的西北现在同样有很多大城市，比如乌鲁木齐发展得很快，又比如说现在随着石油天然气的开发，在塔里木盆地也会形成一些人口聚居区。还有以国家安全与民族融合为目的的建设，比如说喀什大学的兴办。虽然在这些地方开办成本肯定比在东部大城市要高，但我们有这个必要。虽然我们不应该认为国家发展人口时必须均衡分布，但在涉及国家利益时，就有必要打破地理障碍。当然，在这个过程中也要坚持人往高处走的原则，以吸引为主要手段，不能仅靠政治口号或者强制分配。我们国家未来的发展，包括未来的人口分布，也可以靠其他的一些办法。比如我曾经提过，我们现在的农村还有很多地方缺乏优秀教师，如果按人往高处走的原理来说，人家当然不会选择这里。面对这种情况，政府就要许诺以高条件，比如到那里服务多少年，之后可以提供更好的工作，甚至在经济上的收益不低于上海、北京。所以我曾经说过，现在农村培养教师需要两种人，一种是"传教士"，一种是"雇佣军"，当然，这里的"传教士"指的是他们的一种信仰，讲求的是精神上的奉献，但这样的人毕竟是少数。更多的人还是需要靠更好的待遇、更好的利益来吸引，需要人为创造更好的发展机遇，这样就可以把他们吸引过去。

所以，国家未来的发展还是离不开这一条"人往高处走"的规律。我们通过满足人往高处走的需求，才能合理地调节我们国家的人口分布，合理地引导移民。

激发个人成长

多年以来，千千万万有经验的读者，都会定期查看熊猫君家的最新书目，挑选满足自己成长需求的新书。

读客图书以"激发个人成长"为使命，在以下三个方面为您精选优质图书：

1. 精神成长

熊猫君家精彩绝伦的小说文库和人文类图书，帮助你成为永远充满梦想、勇气和爱的人！

2. 知识结构成长

熊猫君家的历史类、社科类图书，帮助你了解从宇宙诞生、文明演变直至今日世界之形成的方方面面。

3. 工作技能成长

熊猫君家的经管类、家教类图书，指引你更好地工作、更有效率地生活，减少人生中的烦恼。

每一本读客图书都轻松好读，精彩绝伦，充满无穷阅读乐趣！

认准读客熊猫

读客所有图书，在书脊、腰封、封底和前后勒口都有"**读客熊猫**"标志。

两步帮你快速找到读客图书

1. 找读客熊猫

2. 找黑白格子

马上扫二维码，关注"**熊猫君**"

和千万读者一起成长吧！